AF339945

AZENDAÏ,

OU

LE NÉCESSAIRE ET LE SUPERFLU,

MÉLODRAME COMIQUE

EN TROIS ACTES ET A GRAND SPECTACLE,

(Sujet tiré d'un Conte de M. Adrien de Sarrazin);

Par M. CAIGNIEZ ;

Représenté, pour la première fois, à Paris, sur le Théâtre de la Porte-St.-Martin, le 6 août 1818.

Musique de M. SCHAFFNER ; Ballets de M. RHENON.

PARIS,

Chez FAGES, libraire, au Magasin de Pièces de Théâtre, boulevard Saint - Martin, n°. 29, vis-à-vis la rue de Lancry.

De l'Imprimerie de HOCQUET, rue du Faubourg Montmartre, n° 4.

1818.

PERSONNAGES.	ACTEURS.

Le calife, HAROUN-AL-RASCHID. M. *Defresne.*

MESROU, l'un de ses visirs . . . M. *Livaros.*

BALOU, vieux émir, ancien aga de
la garde. . . . . M. *Emile.*

AZENDAI, jeune homme, vannier. M. *Lancelin.*

OSMIN, commissionnaire, ami
d'Azendaï . . . . M. *Moëssard.*

RUSTAN, riche marchand d'Esclaves . . . . M. *Vissot.*

ZAIDE, jeune esclave. . . . . Mlle. *Descuillez.*

CADIGE, vieille esclave . . . Mad. *St.-Amand.*

USBECK, vieux serviteur . . . M. *Pascal.*

Un Officier de spahis . . . . M. *Breton.*

Marchands du bazar, Porteurs, Commissionnaires, etc.

Esclaves de Balou.

Jeunes Odalisques.

Esclaves noirs et blancs d'Azendaï.

Troupe de spahis.

Officiers et Gardes du calife. Peuple.

---

*La Scène est à Bagdad, et dans une maison de
campagne, auprès de la ville.*

AZENDAÏ,

ou

LE NÉCESSAIRE ET LE SUPERFLU,

Mélodrame comique en trois Actes.

ACTE PREMIER.

Le Théâtre représente une grande place de Bagdad, un jour de Bazar ; à droite, sur le devant, on lit au-dessus de l'entrée d'une tente richement décorée, ces mots en lettres d'or : RUSTAN, MARCHAND D'ESCLAVES ; cette tente déborde un peu sur la scène.

À gauche, auprès de l'avant-scène, dans l'angle d'une belle maison, est construite en planches une baraque, avec cette inscription grossièrement peinte au-dessus de la porte : AZENDAÏ, VANNIER.

Dans le fond, à droite et à gauche, sont plusieurs belles boutiques de diverses marchandises.

On apperçoit dans l'éloignement, le palais du Calife, une mosquée et autres grands édifices de Bagdad.

Au lever du rideau, les marchands commencent à ouvrir leurs boutiques et à étaler leurs marchandises ; il arrive des porteurs qui déchargent leurs ballots, etc. ; tout le mouvement qui caractérise un bazar, a lieu pendant la première scène.

SCENE PREMIERE.

HAROUN, MESROU, *tous deux déguisés en Arabes,* **AZENDAI,** *plusieurs* **MARCHANDS** *et* **PORTEURS** *qui vont et viennent.*

Azendaï sort de chez lui, pour étaler devant sa porte des paniers et des corbeilles. On remarque une corbeille qui n'est pas encore terminée.

HAROUN, *bas à Mesrou, indiquant Azendaï.*

C'est lui, je le reconnais.

MESROU.

C'est lui-même, seigneur. (*Azendaï rentre chez lui.*)

HAROUN.

C'est donc là le pauvre réduit qu'il habite. (*Lisant l'inscription sur la porte.* (Bon ! il se nomme Azendaï. Oui, Mesrou, je veux récompenser ce jeune homme d'une manière proportionnée au service qu'il nous a rendu cette nuit.

MESROU.

Ce sera justice, seigneur, car sans lui, le plus puissant monarque de l'Asie, le grand Haroun-al-Raschid, commandeur des croyans, tombait sous le fer des assassins.

HAROUN.

Et toi donc , mon cher Mesrou !

MESROU.

Ah ! seigneur, je n'ai tremblé que pour les jours de mon souverain maître ; et si j'avais pu par le sacrifice des miens...

HAROUN , *voyant revenir Azendaï.*

Paix !

Azendaï revient tenant et caressant une colombe blanche qui a au cou un petit ruban rose.)

AZENDAÏ.

Viens, ma mignonne , viens. J'ai apperçu tout-à-l'heure, à l'entrée de cette rue , une bonne quantité de grains qu'on y a laissé tomber. Va, ma petite blanchette , va te régaler. (*Il lache sa colombe dans la coulisse.*) Qu'elle est donc gentille !(*Il range ses paniers.*)

MESROU , *à demi-voix.*

Ne l'abordons-nous pas ?

HAROUN.

Non , j'ai un projet....

AZENDAÏ , *remarquant Haroun et Mesrou.*

Hé ! hé ! ces deux Arabes du désert... On dirait qu'ils me regardent ! (*rentrant chez lui.*) Ce gens là ont des mines...

HAROUN.

Tiens, allons nous asseoir sur ce banc... là, à côté de cette tente. Nous y serons commodément pour observer notre jeune homme , et même pour l'entendre. Viens , je t'expliquerai...

(Ils s'éloignent par la coulisse qui est en avant de la tente de Rustan.)

SCENE II.

AZENDAÏ , *ensuite* OSMIN.

AZENDAÏ , *en revenant avec d'autres paniers.*

Ah! ah ! ils sont partis. Mais non , les voilà qui s'asseyent, et paraissent vouloir s'établir sur ce banc, à côté de la tente de Rustan ; au surplus, que m'importe ? ils ne me font pas peur ; nous ne sommes pas ici sur un grand chemin. (*Montrant tristement ses paniers.*) D'ailleurs ma marchandise n'est pas d'un prix... (*Soupirant.*) Ah ! (*Il va pour achever son étalage.*)

OSMIN , *arrivant gaiement.*

Ah ! bon jour , Azendaï.

AZENDAÏ.

Bon jour , mon chér Osmin , bonjour.

OSMIN.

Qu'est-ce donc , mon ami ? je ne te vois pas l'air joyeux que tu devrais avoir un jour de bazar , où tu peux espérer...

AZENDAÏ.

De quoi veux-tu que je sois joyeux ? depuis long-tems je ne me flatte plus qu'un jour plutôt que l'autre sera plus heureux pour moi.

OSMIN.

Bah ! bah ! que sait-on ? au moment que l'on y pense le moins...
Tiens , moi, je ne m'inquiète jamais de l'avenir.

AZENDAÏ.

Il faut bien que je m'en inquiète, moi, quand je vois que mon
état de vannier me donne à peine de quoi vivre. Cependant je ne suis
point paresseux , et je ne travaille pas plus mal qu'un autre.

OSMIN.

Au contraire, tes paniers et tes corbeilles ont une tournure, une
élégance... mais voilà comme le talent est découragé. Et moi qui
ne sait aucun métier , qui n'ai rien à vendre que mes services , je n'ai
dieu merci jamais manqué de rien. Je n'ai pourtant que mes bras ,
mais ils sont bons ; je remue un poids de deux cents comme une plume ;
la nature , en me donnant des reins forts, de solides épaules et des
jambes infatigables, m'a dit : Osmin, fais-toi commissionnaire , tu
porteras de lourds ballots les jours de bazar, tu aideras les gens de
tout état, dans tout ce qui n'exige que force, adresse, promptitude
et fidélité. J'ai suivi ma vocation et je m'en trouve si bien, que je ne
changerais pas mon sort contre celui d'un émir.

AZENDAÏ.

Eh ! je n'envie pas plus que toi le sort d'un émir : je ne demande
que le nécessaire.

OSMIN.

Fort bien, mais soyons de bon compte, ce nécessaire que tu
demande , ne l'aurais-tu pas , sans t'en appercevoir ? écoute-moi
donc : voici comme je raisonne. Tu n'es pas né comme moi dans
la misère ; tes parens étaient d'honnêtes marchands qui ont mal
fait leurs affaires, ils ne t'avaient pas élevés pour être vannier ;
tu sais lire, écrire, compter, monter à cheval, enfin un tas de
choses qu'un vannier n'a pas besoin de savoir : et je dis, moi, que
voilà ton malheur : avec toutes ces belles connaissances là, tu te
trouverais encore dans la détresse avec ce qui suffirait à un ignorant
comme moi. Ce n'est pas le nécessaire, c'est le superflu qu'il te faudrait pour être heureux.

AZENDAÏ.

Tu te trompes, Osmin. Que j'aye seulement une maisonnette,
pour me loger commodément, une nourriture frugale mais assurée,
et toujours des vêtemens simples, mais propres, je n'en demande
pas davantage.

OSMIN.

Ce n'est pas trop. Cependant je dirai toujours....

AZENDAÏ.

Ah ! mon ami, que je suis loin d'avoir ce peu que je demande. Rien
ne me réussit ; telle aventure qui serait une bonne fortune pour
un autre, tourne pour moi de manière qu'il ne m'en revient pas le
plus petit avantage. Par exemple, écoute ce qui m'est arrivé la nuit
dernière : en passant dans cette rue déserte, derrière la grande mosquée, j'entends un cliquetis d'épés, je cours au bruit, j'apperçois
six coquins qui attaquent deux hommes, qu'à leurs vêtemens je juge

être des marchands arméniens. Ils se défendaient vaillamment, mais ils allaient être accablés par le nombre.. Sans réfléchir au danger auquel je m'expose, (je n'avais pas même un bâton) je m'élance comme un trait sur l'un des assaillans, je le renverse d'un coup de poing, je lui enlève son arme et me voilà féraillant à côté des deux marchands que ce renfort anime ; eux et moi n'ayant plus chacun que deux adversaires à combattre, nous nous battons avec un acharnement incroyable, la colère double nos forces, un coup n'attend pas l'autre, enfin deux des brigands tombent et le reste prend la fuite. J'en poursuis un que je perds aussitôt de vue, je reviens sur le lieu du combat, je regarde autour de moi, plus personne, ni assaillans ni assaillis. Certes, je ne regrette pas le service que j'ai rendu ; aucune vue d'intérêt ne m'avait poussé à défendre ces deux inconnus ; mais tu m'avoueras, Osmin, qu'un petit mot de remerciement de leur part n'aurait rien gâté, et n'aurait pas rendu mon action moins méritoire.

OSMIN.

Non certainement.

AZENDAÏ.

Quoi qu'il en soit, je ne voudrais pas, pour vingt pièces d'or, ne m'être pas trouvé à portée de secourir ces étrangers.

OSMIN.

Bien, Azendaï, je penserai de même à ta place. Mais voici l'heure où le bazar va s'ouvrir, il est tems....(*On entemd une marche.*) Qu'est-ce que c'est que cela ?

AZENDAI.

Ah ! c'est Rustan, ce riche marchand d'esclaves, dont tu vois la tente.

OSMIN.

Oh ! oh ! la jolie suite qui l'accompagne ! Peste ! il paraît bien fourni

AZENDAI

Tiens, regarde un peu la première de ces odalisques.

OSMIN.

Que veux-tu que je remarque ? Je ne vois que des voiles épais qui les couvrent toutes de la tête aux pieds.

AZENDAI.

Regarde, regarde ; mais laissons-les passer, et je te dirai...

SCENE III.

Les Précédens, RUSTAN, ZAIDE, CADIGE, et *plusieurs Femmes entièrement couvertes de leurs voiles* ; Esclaves *noirs et blancs.*

RUSTAN.

Allons, allons, mes belles, pressez le pas. Je ne suis pas curieux que la foule se rassemble sur votre passage. Pour éviter cela, je voulais vous amener avant le jour ; mais vos toilettes ne finissent jamais.

AZENDAI, *à part, regardant la première.*

Quelle grâce dans sa démarche !

RUSTAN , *se tenant à l'entrée de la tente.*

Doucement, doucement, n'entrez que deux à deux. Zaïde, passe la première.

AZENDAI , *à part.*

Elle se nomme Zaïde ! (*Rustan a l'air de compter les femmes et les esclaves à mesure qu'ils passent.*)

RUSTAN , *quand tous sont rentrés.*

Fort bien , personne ne manque. (*il les suit dans la tente.*)

SCENE IV.

AZENDAI , OSMIN.

AZENDAI.

Oui, mon cher Osmin, celle que je t'ai fait remarquer a fixé mon attention, au dernier bazar. Il faut qu'elle soit d'un bien haut prix, car je l'ai vu marchander par plusieurs seigneurs qui paraissaient en avoir grande envie. Je n'ai fait qu'entrevoir sa figure, mais cette vue m'a fait une impression qui n'a pu s'effacer, et mes songes de la nuit m'ont dix fois, depuis lors, offert l'image de cette charmante odalisque.

OSMIN , *riant.*

Ah ! ah, ah ! par Mahomet ! je crois qu'en ce moment même, c'est encore un rêve que tu fais ! où diable vas-tu t'amuser... Ah ! ah, ah ! va, mon pauvre ami, ni toi, ni moi, ce n'est pas dans ce magasin-là que nous devons penser à nous pourvoir.

AZENDAI.

Eh ! je le sais bien.

OSMIN.

Crois-moi, choisis une femme de ta condition, qui t'aidera à faire tes corbeilles, soignera ton ménage, élevera tes enfans ; et ne t'avise plus de regarder passer les odalisques de Rustan.

AZENDAI.

Aussi, je ris moi-même de ma folie.

OSMIN.

Et tu fais bien. Allons, je te laisse. Je vois là-bas ce marchand d'étoffes qui ouvre sa boutique ; il m'emploie ordinairement : je vais lui dire bon jour.

AZENDAI.

Et moi, je vais voir si ce marchand de Mossoul, avec qui j'ai déjà fait quelques affaires, est arrivé. Après cela, je reviendrai terminer cette corbeille qu'on m'a commandée, et que j'ai promise pour ce soir.

OSMIN.

Eh bien, au revoir.   (*Il s'éloigne.*)

AZENDAI , *s'éloignant de son côté.*

Au revoir, Osmin.

OSMIN , *revenant sur ses pas.*

Ah ! écoute donc. Celui de nous deux qui aura fait la meilleure ournée , régalera l'autre demain. Le veux-tu ?

AZENDAI.

C'est dit. J'y consens.

OSMIN.

Aimable garçon! Allons, allons, un bon moment peut venir, et en attendant, dis comme moi : vive la joie!

AZENDAI.

Eh bien... vive la joie !

OSMIN.

C'est ça, c'est ça.
(*Il sort d'un côté, et Azendaï de l'autre. On voit en même tems reparaître Haroun et Mesrou.*)

SCENE V.

HAROUN, MESROU.

Ils regardent un instant Azendaï s'en aller, puis ils se rapprochent de l'avant-scène.)

HAROUN.

Eh bien, Mesrou, tu l'as entendu. Ce qu'il desire pour être heureux est bien modéré. Certes, je le satisferais sans peine, si je me bornais à ne lui procurer que ce qu'il appèle le nécessaire.

MESROU.

Le satisfaire, seigneur! cela ne serait peut-être pas si facile que que vous le pensez. De quelques biens que l'homme soit comblé, trouve-t-il jamais qu'il a le nécessaire ?

HAROUN.

Cependant tu vois que celui-ci se trouverait riche d'avoir seulement une maisonnette et une subsistance assurée.

MESROU.

Il le dit, il le pense même ; mais cette belle esclave de Rustan, qui le fait rêver toutes les nuits depuis le dernier bazar, s'il allait finir par la regarder comme nécessaire à son bonheur ?

HAROUN, *souriant.*

Commençons par lui procurer ce qu'il a d'abord demandé. Voici dans cette bourse une somme suffisante pour acheter la petite maison, et pourvoir quelque tems aux premiers besoins de la vie ; mais je te l'ai dit, je veux qu'il croie que c'est le don d'un être surnaturel, de son bon génie, qui, touché de la modération de ses desirs, a résolu de les satisfaire. Ce billet, supposé écrit par le génie, je le joins à la bourse. Azendaï y verra à quelle condition ses bienfaits sont attachés, et de quelle manière il devra s'y prendre pour en obtenir de nouveaux.

MESROU.

Y a-t-il là le prix de la belle esclave ?

HAROUN.

Non. Attendons qu'il la demande.

MESROU.

Je doute que vous attendiez long-tems.

HAROUN.

Tant mieux. Ce billet lui prescrit de consulter le sage Kaleb, ce pieux Kalender qui a établi sa retraite sous une arche ruinée de l'antique aqueduc. Kaleb est très-vieux, et ne sort presque plus de sa cellule; il est de ma taille. Avec une barbe blanche, une robe pareille à la sienne, je serai ce Kalender, et j'aurai soin que le hasard paraisse l'amener à la rencontre d'Azendaï.

MESROU.

C'est très-bien imaginé, seigneur.

HAROUN.

Voyons par quel moyen nous lui ferons tenir les dons du génie, sans qu'il puisse voir la main qui les lui procure.

MESROU.

Seigneur, il s'en présente un bien facile pour cette fois. Mettons la bourse et le billet dans le fond de cette corbeille commencée, et qu'Azendaï doit, a-t-il dit, achever à son retour.

HAROUN.

Tu as raison. (*Après avoir regardé autour de lui, s'il n'est point observé, il va déposer le billet et la bourse dans le fond de la corbeille indiquée; il ramasse un peu de paille à terre et couvre le tout.*) Maintenant il serait à propos, pour mes desseins, que quelqu'un le fît penser à acheter, dans la rue de Médine, cette jolie petite maison qui touche à celle de mon grand écuyer. Qu'il la voye seulement, je suis sûr qu'elle lui plaira.

MESROU.

Je vous comprends, seigneur, vous aurez soin que le prix ne l'effraye pas.

HAROUN.

Justement. Retirons-nous; sans trop nous éloigner, pour rester à portée...

MESROU, *montrant une coulisse à gauche.*

Eh ! tenez, seigneur ; entrons dans cette boutique là-bas. Le marchand m'est très-connu, et vous trouverez chez lui tout ce qui sera nécessaire pour...

HAROUN, *montrant la même coulisse.*

Vois donc, Mesrou, cette colombe qui se promène là tranquillement; c'est celle d'Azendaï : je la reconnais au ruban rose qu'elle porte au cou. Viens, nous tâcherons de la saisir.

MESROU.

Pourquoi donc, seigneur ?

HAROUN.

Avec un oiseau si familier, on pourrait facilement... Mais j'aperçois Azendaï : éloignons-nous.

(*Haroun et Mesrou s'éloignent par la coulisse indiquée, tandis qu'Azendaï arrive par une autre.*)

SCENE VI.

AZENDAI , seul, *arrivant désolé.*

Maudit métier ! quelque chose me disait que le marchand que j'attendais ne viendrait pas aujourd'hui au bazar. Allons, c'est dans l'ordre, il faut que je m'y accoutume. Quand je me désespérerai, il n'en sera ni plus ni moins. Voyons, en attendant que les chalands viennent, terminons ma corbeille. Cette bonne femme qui me l'a commandée, doit me la payer comptant, ce sera toujours... Eh ! eh ! qui peut la rendre aussi lourde ? (*Il regarde dedans, et en retire une poignée de paille.*) Quel est le mauvais plaisant qui..... Que vois-je ? une bourse ! par quelle aventure ?... un billet ! voyons, voyons. (*il déroule le billet.*) Oh! la douce odeur qui s'exhale de ce papier ! Jamais parfum aussi exquis n'a chatouillé mon odorat ! Lisons : « Azendaï... (C'est bien à moi que cela s'adresse.) « Azen-
» daï, ton bon génie, témoin invisible de ta probité et de ta bonne
» conduite, a résolu de t'en récompenser. » (Est-il possible !)
» Tu ne demandes que le nécessaire, il te sera accordé. » (Oh! je
» n'en demande pas davantage.) « Cette bourse t'appartient. » (*Ou-*
» *vrant précipitamment la bourse.*) (De l'or ! suis-je bien éveillé ?
Continuons de lire :) « Cette bourse t'appartient, et je puis encore
» y ajouter. Quand il te manquera quelque chose, demande-la-moi
» à haute voix, je t'entendrai ; et si l'objet de ta demande ne passe
» pas les bornes du nécessaire, je suis autorisé par le saint prophête
» à te l'accorder. Mais si tu demandes le superflu, je te préviens que
» je t'abandonne pour toujours. » (Cette menace ne m'effraye pas.)
» Comme tu pourrais ne pas savoir juger par toi-même ce qui est
» nécessaire ou superflu, consulte le sage Kaleb, le Kalender de l'a-
» queduc. » (Ah ! oui, je sais... ce vieux Kalender dont on parle.)
» Ne confie ton secret qu'à lui. Ce saint personnage saura lever tous
» tes doutes. » Qu'ai-je besoin d'aller consulter Kaleb ? N'y a-t-il pas dans cette bourse plus que je n'aurais jamais ôsé desirer ? O mon bon génie, c'est assez. Mille, mille actions de grâces pour le bien inattendu que tu m'envoyes. (*il baise le billet puis regardant dans la bourse.*) Très-certainement, j'ai maintenant le nécessaire. Avec ceci, j'achète une petite maison, à la place de cette vilaine échoppe que j'abandonne à qui la voudra. Je reste vannier, mais je travaille en grand, j'ai des ouvriers, je double, je triple mes fonds : et c'est juste, car il faut aussi le nécessaire pour une femme que je choisirai selon mon goût, pour de jolis petits enfans qui, tous les soirs, me délasseront par leurs jeux innocens. Il me semble déjà les voir courir, danser, sauter autour de nous! C'est un plaisir ! Et moi aussi, je saute et je danse avec eux. Allons, gai, mes enfans, la journée a été bonne, il faut...

(Il s'interrompt brusquement, en apercevant Osmin. Celui-ci, poussant devant lui une espèce de brouette, chargée d'un gros ballot, allait traverser le théâtre ; mais à l'aspect d'Azendaï sautant tout seul, il s'est arrêté pour le considérer.)

SCENE VII.

AZENDAI, OSMIN.

AZENDAI, *honteux.*

Ah ! c'est toi, Osmin... je ne savais pas...

OSMIN.

Mais toi, me diras-tu quelle mouche te pique, pour sauter ainsi tout seul, au milieu du bazar ?

AZENDAI.

Comment ? je sautais ?

OSMIN.

Et oui, parbleu ! Et s'il faut que je te le dise, d'une manière à m'effrayer sur ton compte.

AZENDAI..

Rassure-toi, mon ami. La joie, vois-tu... on n'est pas toujours maître. Depuis que tu m'as quitté, j'ai fait une excellente affaire.

OSMIN.

Avec ce marchand dont tu m'as parlé, peut-être ?

AZENDAI.

Oui oui, c'est cela même. Une affaire d'or, mon cher Osmin.

OSMIN.

Eh bien, à la bonne heure : je m'en réjouis de tout mon cœur. Quand je te le disais, qu'il te viendrait un bon moment. Au revoir, Azendaï. *(Il va pour s'en aller.)*

AZENDAI.

Ah ! dis donc... dans tes courses, tu n'aurais pas aperçu quelque part une jolie petite maison à vendre?

OSMIN.

Pourquoi faire ?

AZENDAI.

C'est que je voudrais en acheter une.

OSMIN, *le regardant tout stupéfait.*

Ah !

AZENDAI.

Réponds-moi donc. En connais-tu quelqu'une ?

OSMIN, *le regardant avec inquiétude.*

Non... non, en vérité; je ne sais...

AZENDAI.

Eh bien, je chercherai. (*prenant tous ses paniers, et les jetant dans sa baraque.*) Rentrons tout cela : j'ai assez travaillé aujourd'hui.

OSMIN, *à part.*

Je ne m'étais pas trompé, sa tête... pauvre garçon ! (*lui tendant la main avec sensibilité.*) Sans adieu, mon ami... J'espère encore que quand je te reverrai...

AZENDAÏ, *lui serrant la main.*

Ah ! çà, tu sais notre convention pour demain, c'est moi qui dois régaler.

OSMIN , *tristement.*

Toi !... nous verrons cela. (*à part.*) Cela me fait une peine...
pauvre garçon ! qui m'aurait dit...
(*Il reprend sa brouette , et sort en s'essuyant les yeux.*)

SCENE VIII.

AZENDAI ; seul.

Il est tout stupéfait de ma fortune. S'il savait... mais je dois me
taire. J'irai faire un tour par la ville , je lirai tous les écritaux des
maisons à vendre, et peut-être... Qui regarde-t-on passer dans cette
rue? Ah! ah! c'est l'émir Balou, ancien aga de la garde. Je parie
qu'il vient, selon sa coutume, jeter un coup d'œil sur les odalisques
de Rustan. Il achète rarement, car il est si avare... Mais je suis
curieux de voir si Zaïde fixera son attention : restons à portée d'exa-
miner ce qui se passera.

SCÈNE IX.

AZENDAI, BALOU, RUSTAN.

RUSTAN , *sortant de sa tente pour aller au-devant de Balou.*
Salut au seigneur Balou, joie et prospérité!

BALOU.

Bonjour, bonjour, mon cher Rustan. Eh bien! as-tu quelque
chose de nouveau aujourd'ui?

RUSTAN.

Oui, seigneur émir; et si vous êtes dans l'intention d'acheter...

BALOU.

Je ne viens jamais que dans cette intention là; mais tu es si cher...
Allons, fais-moi voir ce que tu as de mieux.

RUSTAN.

Entrez, seigneur.

BALOU.

Nou pas, non pas; ici, s'il te plaît. Tout paraît beau dans vos
sombres magasins : on croit souvent avoir acheté une merveille ; et
quand on l'a chez soi... Ici, ici, je t'en prie.

RUSTAN , *allant pour rentrer.*
Comme vous voudrez.

BALOU.

A propos, on m'a dit que tu avais au dernier bazar, certaine Geor-
gienne, nommée Zaïde, qu'on m'a beaucoup vantée.

AZENDAI.

Bon !

BALOU.

L'as-tu vendue?

RUSTAN.

Pas encore. Mais je crois inutile de vous la montrer ; vous la trou-
veriez trop chère.

BALOU.

Trop chère! Qu'en sais-tu? Voyez l'impertinent qui croit que le prix peut m'arrêter, quand la chose en vaut la peine!

RUSTAN.

Pardon; si vous le desirez, je vais vous l'amener.

BALOU.

Comment! si je le desire? Amène, amène; je veux absolument la voir. (*Rustan rentre.*)

AZENDAI, *à l'écart..*

Fort bien! et moi aussi, je pourrai la voir.

BALOU.

Trop chère, dit-il! comme s'il y avait jamais rien de trop cher pour un homme comme moi.

SCENE X.

Les Précédens, ODALISQUES parmi lesqelles sont ZAIDE et CADIGE.

(Rustan amène ses Odalisques qu'il fait ranger devant sa tente.. Azendaï se rapproche et témoigne une vive curiosité.)

RUSTAN.

Voyez, seigneur Balon, en voici de toutes les nations et de tous les caratères.

BALOU, *levant alternativement les voiles.*

Celle-ci n'est pas mal; mais son air est trop sérieux. Passons. Eh! eh! cet œil éveillé me revient assez; mais non, elle me ferait enrager du matin au soir. Voyons cette autre... (*Il lève un voile qu'il rabat brusquement, en appercevant la vieille Cadige.*) Qu'est-ce que c'est que cela? es-tu fou de mettre en vente... Ah! ça, où est donc ta Géorgienne?

RUSTAN, *faisant avancer Zaïde, et levant son voile.*

La voici, Seigneur.

BULOU, *avec un mouvement d'admiration.*

Oh! oh!

AZENDAI, *à part.*

Qu'elle est belle! (*Il s'approche davantage.*

BALOU, *émerveillé.*

Parbleu! Rustan, il faut convenir que celle-ci... (*Feignant subitement l'indifférence.*) Oui, elle est bien, très-bien; et si tu es raisonnable... (*à part.*) Ne montrons pas l'envie que j'en ai. (*Haut, à Zaïde, en riant.*) Eh! eh! eh! regardez-moi donc, belle enfant, que j'examine ces yeux...

(*Zaïde jette un coup d'œil sur lui et détourne la tête aussitôt.*)

AZENDAI, *à part.*

Tant de charmes seraient pour cet homme!

BALOU, *tirant Rustan à part.*

Je lui trouve un défaut, Rustan.

RUSTAN.

Lequel?

BALOU.

Je ne sais... dans tous ses jolis traits, il y a quelque chose... oui, certain air boudeur et dédaigneux qui... Je n'aime pas cela.

RUSTAN.

Bagatelle, Seigneur : c'est ainsi, quand elle est sérieuse ; en revanche, quand elle sourit, elle enchante.

BALOU.

Ne pourrais-tu pas lui ordonner de sourire ?

AZENDAI, *à part.*

L'original !

RUSTAN.

Vous savez bien que ces choses-là ne se commandent pas.

BALOU.

Ne se commandent pas ! Je l'ordonne bien aux femmes de mon harem, moi, et je suis ponctuellement obéi. Aussi je ne m'y montre jamais, que je ne voie tous les visages rayonnans de la joie que cause ma présence.

RUSTAN, *souriant.*

Cela doit être, Seigneur.

BALOU.

Voyons donc que j'examine encore... (*Voyant Azendaï qui s'est rapproché au point de se trouver sur son passage.*) Que fais-tu là si près de nous, l'ami ? Retire-toi.

AZENDAI.

Pardon, seigneur Emir ; j'admirais ce que j'ai vu de plus beau depuis que je respire.

BALOU.

Oui dà, jeune homme. Admire d'un peu plus loin, si tu veux me faire plaisir.

(Zaïde regarde Azendaï, et sourit ; celui-ci recule quelques pas, les yeux toujours fixés sur elle.)

AZENDAI, *à part.*

Elle me regarde, je crois !

BALOU, *se rapprochant de Zaïde, qui continue de regarder Azendaï.*

Ah bien ! à la bonne heure : voilà le visage riant que je lui desirais. Tu as raison, Rustan, elle y gagne ; et je suis tenté... (*à part.*) Il faut absolument que je fasse ce marché-là.

ZAIDE, *à part.*

Ce pauvre jeune homme... il est fort bien.

BALOU.

Ecoute, mon cher Rustan ; ta Géorgienne me plaît assez ; elle est... elle me... je m'en arrangerai si tu veux.

ZAIDE, *à part.*

O ciel ! sauve-moi de ce malheur.

BALOU.

Voyons, quel est ton prix ?

RUSTAN.

Un moment, je vais... (*aux Odalisques.*) Rentrez, mes belles.

AZENDAI, *à part, tandis que les Odalisques rentrent.*
Que je la plains, si le marché se conclut.
(Zaïde, avant de renter, jette encore un coup d'œil sur Azendaï, et celui-ci
exprime le regret de la voir disparaître.)

SCENE XI.

BALOU, RUSTAN, AZENDAI, *à l'écart.*

RUSTAN, *revenant à Balou.*
Seigneur Emir, je vais vous parler en conscience.

BALOU.
Tu me fais trembler, avec ta conscience. Voyons, en deux mots,
ton prix ?

RUSTAN.
Cinq cents dinars d'or.

BALOU, *se récriant.*
Cinq cent dinars! es-tu fou? c'est plus de moitié trop cher.

AZENDAI, *à part.*
Trop cher, dit-il? Oh! si je les avais...

RUSTAN.
Ecoutez, Seigneur. Vous avez vu tout-à-l'heure cette vieille esclave; elle est du même pays, et Zaïde a l'habitude de son service;
eh bien! je la donne par dessus le marché.

BAOUL.
Eh! j'ai bien besoin..... Allons, terminons : je t'en donne trois
cents dinars.

RUSTAN.
De la vieille ?

BALOU.
Eh! non, eh! non, parbleu ! je parle de Zaïde.

RUSTAN.
Y pensez-vous? On m'en a offert quatre cents au dernier bazar.

BALOU.
Et tu ne l'as pas donnée ?

RUSTAN.
J'y aurais perdu.

BALOU.
Eh bien !... les veux-tu, les quatre cents dinars?

RUSTAN.
Non. Je vous ai dit cinq cents : décidez – vous; car après ce moment, si vous revenez, je vous préviens que ce sera six cents.

BALOU, *s'éloignant brusquement.*
Eh! va te promener! je n'en veux plus.

RUSTAN.
Serviteur, seigneur Emir. (*Il rentre chez lui.*)

BALOU, *s'arrêtant.*
Il rentre, vraiment! Si j'allais lui offrir cinquante dinars de plus....
(*Il fait un pas vers la tente.*) Mais non : le coquin tiendra bon, j'en

suis sûr. N'est-il pas incroyable qu'on exige tant d'argent pour une petite... Il est vrai qu'elle est jolie comme les houris, que son air céleste... Alte-là, Balou, pas d'extravagance, mon ami : songe quelle somme cela fait que cinq cents dinars ! Oui, oui, allons nous-en, et prions le Prophète d'éloigner de moi la tentation de revenir. *(Il sort.)*

SCENE XII.

AZENDAI, *seul, regardant sortir Balou.*

Il s'en va, je respire ! Mais pourquoi ce mouvement de joie ? comme si j'y gagnais quelque chose ! Puis-je jamais prétendre... *(Regardant vers la co lisse.)* Ah ! ah ! ce vieux kalender qui vient de ce côté !... si c'était Kaleb, par hasard ! ce serait peut-être ici l'occasion de le consulter ; si ce n'est pas lui, celui-ci pourra sans doute m'en donner des nouvelles. Le voilà, abordons-le.

SCENE XIII.

AZENDAI, HAROUN, *en vieux kalender.*

(Haroun aidant sa marche d'un bâton, va pour traverser la scène lorsqu'Azendaï va à sa rencontre et l'arrête.)

AZENDAI.

Vénérable kalender, un mot, s'il te plaît.

HAROUN.

Que me veux-tu, mon fils. *(à part.)* Je me doutais qu'il avait à me parler.

AZENDAI.

Pardon. Tu dois connaître le kalender Kaleb ?...

HAROUN.

Certainement, car c'est moi.

AZENDAI.

Toi ! Oh ! que je suis heureux de te rencontrer ! Mais je crains d'interrompre...

HAROUN.

Parle, mon enfant, je t'écoute.

AZENDAI.

Voici ce que c'est. L'un de ces bons génis qui veillent sur la destinée des mortels, a daigné se communiquer à moi.

HAROUN.

Un génie ! L'as-tu vu ?

AZENDAI.

Non ; mais il m'a écrit. Ce billet était joint à une bourse qu'il m'a fait trouver dans le fond d'une corbeille. Tiens, lis.

HAROUN, *feignant la surprise.*

Que vois-je ? je reconnais ces caractères sacrés ; ce sont les mêmes par lesquels une main invisible a daigné quelquefois me tracer des règles de conduite, après mes longues et profondes méditations. Ah ! mon fils, tu dois te trouver bien heureux.

AZENDAÏ.

Oui, je suis heureux, et cependant il manque encore à mon bonheur certaines petites choses... Mais lis, tu verras quelle condition
le génie a mise à ses bienfaits.

HAROUN, *les yeux sur le billet.*

Je vois qu'il te défend de lui demander le superflu.

AZENDAÏ.

Je n'en veux pas non plus. Je l'ai dit, le nécessaire me suffit ; mais
je crains de ne pas savoir toujours le distinguer du superflu : c'est là
mon embarras, et c'est là-dessus que le génie a prévu, sans doute,
que j'aurai besoin de te consulter.

HAROUN, *lui rendant le papier.*

Reprends ce précieux écrit, et voyons ce que tu desires.

AZENDAÏ.

D'abord, bon père, dis-moi, je t'en prie... est-ce du superflu,
qu'une jolie femme ?

HAROUN.

Non, mon fils.

AZENDAÏ.

C'est ce que je pensais.

HAROUN.

Certainement, tu peux faire un choix parmi les jolies filles de ta
condition.

AZENDAÏ.

De ma condition ? Ah ! c'est que ces filles-là... Faut-il t'avouer la
vérité, bon père ? j'aime la plus charmante personne...

HAROUN.

Ah ah ! et quelle est-elle ?

AZENDAÏ.

Une jeune esclave, qui est là dans cette tente, et que le vieux
émir Balou a déjà marchandée ce matin. J'en ai tremblé pour elle ;
c'eût été un meurtre ! car Zaïde est, bien certainement, du superflu
pour l'émir Balou, tandis qu'elle me serait si nécessaire, à moi !

HAROUN.

Combien veut-on la vendre ?

AZENDAÏ.

Cinq cents dinars d'or.

HAROUN.

C'est un peu cher.

AZENDAÏ, *soupirant.*

Eh ! oui, je le sais bien. Je ne dois pas y penser, n'est-ce pas ?

HAROUN.

Un moment. Tu es amoureux, dis-tu ?

AZENDAÏ.

A en perdre la tête.

HAROUN.

En ce cas, il est très-nécessaire d'éviter de perdre la tête, et
je crois bien qu'on ne refusera pas de t'exaucer.

(Pendant qu'Azendaï parle, Haroun fait un signal vers la coulisse à droite.)

Azendaï.   C

AZENDAI.

O mon bon génie, tu connais les vœux de mon cœur, ajoute à tes bienfaits la possession de l'adorable Zaïde !

(En ce moment, la colombe d'Azendaï traverse en volant le théâtre. Elle tient un papier dans son bec, et entre par une petite fenêtre dans sa baraque).

Que vois-je ? C'est ma Blanchette qui passe là ! Elle tient au bec un papier ! Qu'est-ce que cela peut être ! (*Il court chez lui.*)

HAROUN, *à lui-même.*

Fort bien ! Mesrou a fort adroitement saisi mon signal.

AZENDAI *rentrant, un papier à la main.*

O ciel ! mes yeux ne me trompent-ils pas. (*A Haroun*). Lis, lis un peu ceci.

HAROUN, *lisant....*

« A vue, je paierai, pour Azendaï, la somme de mille dinars d'or. » *Signé* Ali-eb-Méhal. » (*Lui rendant le billet.*) Cela ne m'étonne pas ; ta prière a été entendue de ton bon génie.

AZENDAI.

Et c'est ma gentille Blanchette qu'il a choisie.... Je n'en reviens pas ! Quoi ? je pourrais, avec ce billet.... Mais, où demeure donc cet honnête homme d'Ali-eb-....? Comment as-tu dit, bon père ?

HAROUN.

Ali-eb-Méhal. C'est le nom du plus riche banquier de Bagdad. Ce billet à vue vaut de l'argent comptant, et sera reçu comme tel par tous les marchands de l'empire.

AZENDAI.

Et par Rustan aussi !

HAROUN, *souriant.*

Et par Rustan aussi.

AZENDAI.

Je ne me sens pas de joie ! O mon génie ! je te rends grâce.

HAROUN

Tu n'as plus rien à me demander ; je te laisse. Adieu, mon fils.

(*Il va pour sortir*).

AZENDAI.

Ah ! un mot encore. J'ai une petite inquiétude Si l'on me voit tout-à-coup faire tant de dépense, n'est-il pas à craindre qu'on ne vienne me chicaner sur la cause secrète de ma subite prospérité ?

HAROUN.

N'es-tu pas sous la protection d'un génie puissant ? Peux-tu croire qu'il t'aurait accordé un si beau privilége, pour qu'il n'en résultât pour toi que des disgraces ? Non, mon enfant. Ainsi, sois tranquille. (*A part.*) J'y ai pourvu. (*Haut.*) Au revoir. (*Il sort.*)

SCÈNE XIV.

AZENDAI, *seul.*

Allons, rassurons-nous, puisque le bon père le dit. Mais il faut que je me dépêche d'aller trouver Rustan, de peur qu'un autre....

Un moment ! Et où conduirai-je la belle esclave quand je l'aurai
achetée ? (*Indiquant sa baraque.*) Ce ne sera pas dans cette. ...
La belle figure que nous ferions-là tous deux ! Il faut donc. . (*Regar-
gardant vers la coulisse.*) O mon Dieu ! Voilà le vieux Balou qui
revient. Ah diable ! c'est au plus pressé qu'il faut courir. Ayons
d'abord la femme, nous pourvoirons après aux moyens de la loger.
(*Il entre précipitamment dans la tente de Rustan.*)

SCENE XV.

BALOU *et deux esclaves. Ensuite* RUSTAN *et* AZENDAI.

BALOU, *en arrivant dans le fond, à l'un de ses esclaves.*
Toi, cours devant, et préviens Rustan de mon arrivée.
(*L'esclave accourt et entre chez Rustan.*)
Non, la jolie Géorgienne ne me sort pas de la tête. Il est vrai
que la somme. .... Eh ! il faut se satisfaire une fois dans la vie. Je
me priverai sur autre chose. Oui, je ferai jeûner mes esclaves pen-
dant un mois, et je regagnerai .... Oh oh ! quel bruit fait-on dans
la tente de Rustan ? Est-ce que ...
(*On entend disputer dans la coulisse.*)
AZENDAI, *en colère, suivant Rustan qui sort de sa tente.*
Parbleu, Rustan, tu m'écouteras.

RUSTAN.
Un moment donc ; tout-à-l'heure ; quand j'aurai parlé au seigneur
Balou.

BALOU.
Qu'est-ce donc, Rustan ?

RUSTAN.
Rien, rien. C'est ce jeune homme qui voulait.... Eh bien, seigneur
Emir ?

BALOU.
Mon cher, je t'apporte les cinq cents dinars.

RUSTAN.
Je vous ai dit que ce ne serait plus la même chose si vous
reveniez. J'ai marchand pour les cinq cents dinars. Il faut donc
offrir davantage pour avoir la préférence.

BALOU.
Mais, c'est une indignité. Allons, je donne six cents.

AZENDAI.
Et moi sept.

BALOU.
Que dit celui-là ?

RUSTAN.
Il dit sept cents dinars.

BALOU.
Eh mais, n'est-ce pas ce jeune homme qui, tantôt ..... Il a donc
commission pour acheter.

RUSTAN.

Je le présume.

BALOU, *avec effort.*

Eh bien.... huit cents, dont les trois quarts comptant, et le reste demain matin.

RUSTAN, *prêt à consentir.*

Allons, je........

AZENDAI.

Mille, et je paie comptant.

RUSTAN, *étonné.*

Mille !

BALOU.

Ah ! c'est trop fort ! Comment ? Ce drôle......

RUSTAN, *à Balou.*

Dites-vous plus, seigneur ?

BALOU.

Eh non, parbleu.

RUSTAN.

Jeune homme, Zaïde est à vous, si vous avez.....

AZENDAI, *donnant le billet.*

Cet effet vous convient-il ?

RUSTAN, *lisant.*

Ali-eb-Méhal ! C'est de l'or en barre. Je vais vous chercher Zaïde.   (*Il va pour sortir.*)

BALOU.

Un moment , un moment, Rustan. (*A Azendai.*) L'ami , me diras-tu pour qui tu fais ce beau marché ?

AZENDAI.

Pour moi.

BALOU.

Pour toi ! Et tu as l'audace.... Sais-tu bien qui je suis ?

AZENDAI.

L'émir Balou, ancien aga de la garde du palais.

BALOU.

Ancien, c'est fort bien. Mais, si je n'en fais plus les fonctions, j'en ai encore le titre, les prérogatives, et l'on ne m'offense pas impunément Rustan, c'est moi qui te paierai les mille dinars ; va me chercher ta Géorgienne.

RUSTAN.

Cela ne se peut plus, seigneur. Elle appartient à ce jeune homme ; il me l'a payée.   (*Il sort.*)

SCENE XVI.

BALOU, AZENDAI. Les deux esclaves de Balou.

BALOU, *à lui-même.*

Par la barbe d'Ali, me faudra-t-il souffrir ? (*A Azendai.*) Malheureux ! Que prétends-tu faire d'une esclave si chère et si

AZENDAI.

Ma femme. Oui, dès demain, je l'épouse.

BALOU.

Mais, c'est inconcevable..... Tiens, veux-tu que je te dise ma pensée ? Cet argent ne t'appartient pas. Oui, oui ; tu l'as volé, misérable !

AZENDAI.

Morbleu ! Seigneur Balon, ne m'échauffez pas les oreilles ; je pourrais oublier.....

BALOU, *furieux.*

Il me menace, je crois ! Mais, mais, vit-on jamais un drôle comme celui-là ? Comment, il... Attends, attends ; tu vas voir... Ah ah ! Bon ! Je vois passer là-bas un détachement de spahis. Je cours de ce pas..... Tout-à-l'heure, tout-à-l'heure, l'ami, tu vas avoir de mes nouvelles.   (*Il sort.*)

SCENE XVII.

AZENDAI. Ensuite ZAIDE, CADIGE, et Autres Esclaves.

AZENDAI.

Ah ! diable, me voilà dans une jolie affaire ! Maudite vivavité ! Mais m'entendre dire aussi..... (*courant voir dans le fond.*) Les spahis n'arrivent point encore. (*A Zaïde, que Rustan lui amène.*) Ah ! venez, venez ma chère, mon adorable Zaïde.....

ZAIDE.

Que vois-je ? C'est à ce jeune homme que vous m'avez vendue, Rustan ?

AZENDAI.

Il est vrai, ma belle amie, que je ne suis pas riche comme le vieux Balou, mais soyez sans inquiétude, le nécessaire ne vous manquera pas chez moi. Partons.-

RUSTAN, *montrant Cadige qui porte un grand carton de toilette.*

Tenez, emmenez aussi cette esclave, qui vous sera fort utile. Elle se nomme Cadige. (*Azendaï hésite.*) Emmenez, emmenez, je l'ai dit ; c'est par dessus le marché.

AZENDAI.

A la bonne heure.

CADIGE, *à elle-même.*

Par dessus le marché ! comme si l'on n'avait pas aussi son prix.

AZENDAI, *à Zaïde, qui prend congé de ses compagnes.*

De grâce, dépêchons-nous ; nous n'avons pas un moment à perdre. Je tremble que les spahis..... Ah ! mon dieu, les voilà !

(Au moment où il va pour s'éloigner avec Zaïde et Cadige, une troupe de spahis, un officier à leur tête, lui barre le passage. Balou est avec eux.)

SCENE XVIII.

Les Précédens, BALOU, un OFFICIER, et Troupe de Spahis.

BALOU, *en arrivant.*

Alte-là, jeune homme. (*A l'officier.*) Capitaine, arrêtez ce malheureux.

ZAIDE.

Juste ciel ! que signifie.....

(Elle retourne, effrayée, auprès de Rustan.)

BALOU.

Qu'on le traîne chez le cadi. C'est là qu'il nous expliquera.....

(Les spahis se saisissent d'Azendaï.)

AZENDAI, *se débattant.*

Un moment, un moment ! qu'il me soit au moins permis....
(*Criant, tandis qu'on l'entraine.*) On peut s'informer de moi : je me nomme Azendaï, et chacun vous dira.....

L'OFFICIER.

Azendaï ! (*Vivement aux spahis.*) Soldats, laissez ce jeune homme ?.
(*Il fait un commandement, et les spahis se rangent en ligne d'un angle du théâtre à l'autre.*) Azendaï, tu es libre.
(Azendaï reste stupéfait à regarder la ligne des spahis, qui lui ouvre un passage.)

BALOU, *etonné.*

Qu'est-ce que cela veut dire ?

AZENDAI, *à l'officier.*

Quoi? capitaine, je puis.....

L'OFFICIER.

Aller partout et avec qui tu voudras.

AZENDAI, *à part.*

C'est apparemmment mon bon génie qui..... Allons, (*Courant reprendre Zaïde auprès de Rustan.*) ma chère Zaïde, et vous, bonne femme, venez ; je vais vous conduire au prochain caravansérail : vous y resterez jusqu'à ce que j'aie trouvé une maison pour vous loger convenablement.

(Il prend Zaïde par la main et va pour l'emmener.)

BALOU, *en colère.*

Doucement, doucement, l'ami. (*A l'officier.*) Mais songez donc à ce que vous faites, capitaine. Vous venez de l'entendre ; il n'a pas même une maison pour se loger ?

AZENDAI.

Rien n'est plus faux. J'en ai une.

BALOU.

Où est-elle ?

AZENDAI, *faisant sonner son argent.*

De... ma poche.

BALOU.

Mais encore une fois, capitaine, je ne comprends pas.... .

AZENDAI.

Ni moi non plus, et cela m'est égal. Sans rancune, seigneur Balou.

(Azendaï, conduisant Zaïde, passe fièrement devant la ligne des spahis. Balou, Rustan et les esclaves restent stupéfaits sur le devant de la scène, et le rideau tombe.)

Fin du premier Acte.

ACTE II.

Le théâtre représente une salle très-simplement décorée. Une table, une console et quelques fauteuils en font tout l'ameublement.
Dans le fond, à droite, est la porte d'entrée, par où l'on vient du dehors. Sur le devant, du même côté, est une croisée qui est censée donner sur le jardin.
A gauche, dans le fond, est la porte qui communique dans l'intérieur. Il y en a une autre du même côté, plus près de l'avant-scène.
La cloison, qui termine la salle dans le fond, est mobile et peut s'enlever. On n'y voit aucune apparence de porte.

SCENE PREMIERE.

MESROU, *richement vêtu*, USBECK.

MESROU.

Ainsi, mon cher Usbeck, Azendaï n'a point hésité à te prendre à son service?

USBECH.

Non, seigneur Mesrou. Au moment où il venait de conclure le marché de cette maison, je ne lui eus pas plutôt dit que j'en étais le gardien depuis long-temps, qu'il s'est écrié : Ta figure me plaît ; veux-tu rester avec moi ? — Volontiers, lui ai-je dit.

MESROU.

Fort bien. Nos soins ont réussi. Azendaï, sans qu'il s'en doutât, a fait choix de la maison qui convenait le mieux aux desseins que le Calife a sur lui.

USBECK.

Sa position seule a pensé faire une difficulté. Cette demeure, à l'extrémité de la ville, dans une rue peu fréquentée, lui causait quelqu'inquiétude pour la sûreté du trésor qu'il a à garder, de sa chère Zaïde. Mais son aspect presque champêtre, la vue qui s'étend dans la campagne, le prix modéré, en rapport avec ses moyens, tout cela l'a séduit et il s'est décidé.

MESROU.

Sait-il que cette petite maison qui touche à celle du grand-écuyer du calife, en était naguère une dépendance ?

USBECK.

Non, seigneur. Il est loin de penser qu'il existe une communicalion de l'une à l'autre, et qu'il n'est séparé que par cette mince cloison de la plus belle salle de la maison du grand-écuyer.

MESROU.

Surtout qu'Azendaï ne soupçonne pas que le calife est pour quelque chose dans sa bonne fortune.

USBECK.

Non, non. J'ai très-bien compris que c'est à son bon génie seul... Comptez sur ma discrétion, seigneur.

MESROU.

Allons, je te laisse, de crainte qu'il ne rentre et ne me surprenne.

USBECK.

Il y a trop peu de tems qu'il est sorti, pour aller chercher sa belle esclave, au caravansérail où il l'avait déposée. Il y a loin d'ici là.

MESROU.

N'importe je vais.... J'entends du bruit, je crois!

USBECK.

Il aurait donc fait bien grande diligence! en effet, on entre; c'est lui certainement. Il va monter par ici : descendez par l'autre escalier, pour ne pas le rencontrer. (*Il lui indique la porte du fond, à gauche.*)

MESROU.

N'oublie pas les signaux convenus.

USBECK.

Reposez-vous sur moi, seigneur.

(Mesrou sort par la porte indiquée.)

SCENE II.

USBECK, AZENDAI.

AZENDAI, *vivement, en entrant.*

Mon bon Usbeck, tu vas voir ma chère Zaïde, et tu me diras si je m'y connais.

USBECK.

Je suis persuadé, cher maître.... Mais où l'avez-vous donc laissée?

AZENDAI.

Elle va monter. Elle a voulu d'abord parcourir, avec Cadige, le rez-de-chaussée et le jardin de la maison.

USBECK, *à part.*

Son inspection sera bientôt faite.

AZENDAI, *regardant par la fenêtre, à droite.*

Tiens, viens, vois.... la voilà dans le jardin! elle se baisse pour cueillir une fleur. Vois donc, vois donc? Y a-t-il rien au monde de plus charmant.

USBECK

En effet, elle me paraît...

AZENDAÏ.

Aussi je l'ai résolu, elle sera ma femme, et sous deux jours le grand Prophète aura entendu nos sermens.

USBECK.

Bien, bien, cher maître, je vois avec plaisir...

AZENDAÏ.

Laisse-moi, Uusbeck. S'il le faut, je t'appellerai. (*Usbeck sort*)

AZENDAÏ, *seul, regardant autour de lui.*

Me voilà donc chez moi ! j'ai une maison qui m'appartient, des meubles ! ils sont simplss, mais propres. Ici, je puis recevoir des amis ; j'ai au moins des sièges à leur offrir. Ils sont deux, trois, quatre, il n'importe, je les prie de s'asseoir. Allons, mes amis, mettez-vous là et causons. (*Il range quelques fauteuils et s'assied sur l'un.*) Ah !... eh mais, on est très-bien là-dessus. (*Il essaie un autre fauteuil.*) Vraiment, rien n'est plus commode. Quelle différence avec mon unique escabeau à trois pieds, que j'avais là bas ! si étroit, si dur, sans dossier ! à la bonne heure, avec ceci on s'appuie, on se penche, on se balance, on a toutes ses aises, c'est charmant ! avoir avec tout cela une femme adorable, et de plus deux personnes à notre service, tandis que ce matin encore.... Mais, mais n'est-ce point un rêve que je fais ? (*appellant.*) Usbeck ?

(*Usbeck rentre et Azendaï se contente de le regarder avec satisfaction.*)

USBECK.

Cher maître...

AZENDAÏ, *à lui-même.*

C'est cela !

USBECK.

Qu'avez-vous à m'ordonner ?

AZENDAÏ.

Rien, rien. Je voulais voir... (*A lui-même.*) C'est celà, j'appelle et aussitôt... (*Se levant vivement.*) Et Osmin donc ! mon bon ami Osmin... Ah ! ah ! ah ! je ris encore de la figure que je lui a vu faire tantôt, quand je lui ai demandé s'il ne connaissait pas une maison à vendre. Ah ! ah ! ah !

USBECK, *à part.*

Eh ! eh ! eh ! sa joie me réjouit.

AZENDAÏ, *à lui-même.*

Ah ça, n'oublions pas notre convention pour demain. Je le ferai avertir que c'est chez moi le lieu du rendez vous Oui, mon cher Osmin, chez-moi, dans ma maison. C'est comme cela, mon ami. Ah ! ah ! ah ! (*appercevant Usbeck.*) Que fais-tu là, Usbeck ?

USBECK.

Vous m'avez appellé, j'attends vos ordres.

AZENDAÏ.

Mes ordres ! je n'en ai point en ce moment à te donner.

USBECK, *allant pour sortir.*

Pardon, je...

AZENDAÏ.

Ah ! si fait. Diable ! j'oubliais l'essentiel. Dis-moi, pourrais-tu nous procurer ce soir une jolie colation ?

Azendaï.   D

USBECK.

C'est très-facile ; il y a à deux pas d'ici.....

AZENDAÏ.

Eh bien , va, et n'épargne rien aujourd'hui, c'est jour de noce , va... mais , un moment , je pense qu'il faut que je ressorte. Attends ici Zaïde , elle pourrait avoir besoin de toi, tu iras commander la colation plus tard. Je serai bientôt de retour.

KSBECK.

Quelle affaire si pressée...

AZENDAÏ.

Je vais te le dire : tu vois mon vêtement ; d'honneur, je suis honteux d'être fait de la sorte, auprès de mon élégante amie. J'ai remarqué , en arrivant dans cette rue, un tailleur dont l'étalage m'a paru de fort belle apparence. La nuit vient, je vais voir tandis qu'il fait encore jour ... mais je me sauve , avant que Zaïde me revoie ; ne la préviens pas, entends-tu ?

USBECK.

Il suffit.

AZENDAÏ , *jettant encore un coup - d'œil autour de lui.*

C'est vraiment un bijou que ma petite maison !
(Il va pour sortir par la droite, mais voyant arriver Zaïde , il court et sort par la gauche.)

SCENE III.

USBECK, ZAIDE et CADIGE.

ZAÏDE , *appellant en entrant.*

Azendaï ? Azendaï ? mais où court-il donc , avec cette précipitation ?

USBEKO.

Laissez , laissez , Madame , il avait oublié.... mais il va revenir. (*à part.*) Peste , notre jeune homme a bon goût.

ZAÏDE.

Je comprends... sa modestie craint sans doute les complimens que je lui dois , pour sa merveilleuse acquisition. Comment donc? c'est un palais que sa maison ! deux grandes pièces au rez-de-chaussée, sans meubles ni tentures. Un jardin , si petit que ce n'est pas la peine de....

CADIGE.

Comment ? si petit! vous ne l'avez donc pas regardé , Madame, il est pour le moins deux fois grand comme cette salle.

ZAÏDE.

Oh ! c'est admirable. (*à Usbeck.*) Brave homme , tu vas nous montrer le reste.

USBECK.

Oui , Madame. Cette pièce , d'abord , sert de salle à manger et de salon de compagnie.

CADIGE.

Fort bien. Cela fait deux sans bouger de place.

USBECK.

Ensuite. (*Montrant la porte dans le fond à gauche.*) Par là , c'est la chambre à coucher d'Azendaï, donnant sur la rue. (*Montrant celle sur le devant du même côté* ; de ce côté c'est la vôtre, Madame. La vue est superbe, car on découvre une partie des jardins de la maison de campagne du feu prince de Bassora, qui n'est qu'à deux cents pas des portes de la ville.

ZAÏDE.

Voyons, voyons donc cela.

USBECK.

Entrez, vous verrez un joli cabinet de toilette d'abord, et plus loin votre chambre.   (*Zaïde sort.*)

CADIGE, *à Usbeck qui va pour suivre Zaïde.*

Ah ! dites donc... et ma chambre à moi ?

USBECK.

Ici dessus, un étage de plus à monter, voilà tout.

CADIGE.

Sous le comble peut-être ?

USBECK.

Précisément.

CADIGE.

Et la vue ?

USBECK.

Sur le mur d'un immense atelier d'armes.

CADIGE.

Ah !... eh bien ! cela sera fort gai.

ZAÏDE, *rentrant, en éclatant de rire.*

Ah ! ah ! ah ! quelle magnificence ! (*conduisant Cadige jusqu'à la porte.*) Viens donc voir Cadige, le voilà mon cabinet de toilette ! grand comme cette table à peu près ; quand tu voudras me coëffer, ma bonne, il faudra que la moitié de ton corps reste dans la chambre à coucher, tandis que l'autre moitié sera tout près de moi.

CADIGE.

C'est très-agréable ; et comment est-elle cette chambre à coucher ?

ZAÏDE.

Oh ! superbe, en vérité, une tenture à grands ramages bleus sûr un fond verd ! c'est un ouvrage rare, et qui date, j'en suis sure, du règne du premier Calife.

USBECK, *à part.*

Azendaï qui croit ne manquer de rien !

ZAÏDE.

Quant à la vue, oh ! par exemple, cet homme avait raison ; je n'ai fait qu'y jetter un coup-d'œil, cela doit être magnifique.

USBECK, *à part.*

Voilà au moins quelque chose.

CADIGE.

Et moi, avec ma perspective du grand mur de l'atelier d'armes.

USBECK.

Si Madame n'a pas besoin de moi, j'irai faire une commission que mon maître m'a donnée.

ZAÏDE.

Oui, oui, va, mon ami.
(Elle va ouvrir la croisée à droite et regarde en dehors.)

USBECK, *à part en sortant.*

Pauvre jeune homme ! c'est un bijou que sa petite maison, disait-il tout-à-l'heure.

SCENE IV.

ZAIDE, CADIGE.

ZAÏDE, *se retirant de la fenêtre.*

Allons, la promenade ne me fatiguera pas dans son jardin ; c'est un avantage.

CADIGE.

En vérité, ma chère Zaïde, j'admire comme vous vous soumettez gaîment à votre destinée.

ZAÏDE.

Que veux-tu ? il faut s'accommoder à tout dans la vie.

CADIGE.

Oui, et même à n'être que la femme obscure d'un pauvre vannier, quand les soins qu'on a pris de votre éducation vous avaient rendue digne de faire l'ornement du premier harem de l'Asie.

ZAÏDE.

Le maître de ce premier harem de l'Asie pouvait être un homme fort déplaisant. Au moins Azendaï est aimable.

CADIGE.

Est aimable ! est aimable ! je le veux bien, mais cela ne me regarde pas. Quant à vous, Zaïde, il se peut... Après tout ce n'est toujours qu'un vannier.

ZAÏDE.

Tu conviendras cependant qu'il n'a ni l'air ni les manières d'un simple ouvrier. Il s'exprime bien, son langage n'est pas dépourvu d'élégance, et je croirais volontiers qu'il n'était pas né pour cet état.

CADIGE.

Fort bien, fort bien. Mais que deviendrai-je ici, moi ? dans une maison riche, au moins, on trouve à qui parler. C'est là, qu'à défaut de plus doux plaisirs, j'aurais participé aux fêtes, aux intrigues des belles du harem. Rivalités, confidences, petites méchancetés, ruses, perfidies, joie folle, désespoir, on vit parmi tout cela, et le tems passe agréablement.

ZAÏDE.

Azendaï n'est pas riche, je le vois bien, j'en suis fâchée sans doute, mais qu'y faire ?

CADIGE.

Ah ! Zaïde, combien votre sort eût été plus brillant, si vous aviez appartenu au riche Emir Baloú, qui avait une si furieuse envie de vous acheter ! -

ZAÏDE, *riant.*

A l'Emir Balou ! si vieux si laid ! Ah ! ah ! ah ! j'aurais été chez lui une femme bien heureuse !

CADIGE.

Il est vrai, qu'il est, dit-on, d'une avarice... d'ailleurs nous l'avons entendu, comme il s'est débattu sur le prix avec Rustan.

ZAÏDE.

Et un Emir ! tandis qu'un pauvre garçon comme Azendaï, dédaigne de marchander, ne calcule rien que son amour, et sacrifie, pour m'avoir, tout ce qu'il possède peut-être au monde.

CADIGE.

Donc il ne lui restera rien, et bientot...

ZAÏDE *l'interrompant.*

C'est assez sur ce sujet. (*A elle-même.*) Azendaï tarde bien à rentrer. Allons en l'attendant.... (*Elle s'éloigne.*)

CADIGE.

Où allez-vous donc ?

ZAÏDE.

Dans ma chambre, jouir de ce point de vue que je ne me suis pas donné le tems de considérer tout-à-l'heure.

CADIGE.

Et rêver au cher vannier sans doute !

ZAÏDE.

Oh ! très-certainement ce ne sera pas à ton émir Balou.

(*Elle sort par la porte à gauche.*)

SCENE V.

(*Le jour commence à baisser.*)

CADIGE, *seule d'abord, ensuite* AZENDAI.

CADIGE.

A mon émir Balou ! comme si j'étais plus qu'elle, émerveillée de sa personne ; je voulais dire seulement.... J'entends du bruit, on monte : c'est notre heureux jeune homme sans doute. (*Regardant vers la porte à droite.*) Oui, c'est lui-même. Oh ! oh ! la belle toilette !

AZENDAÏ, *en entrant, sous un vêtement élégant mais simple.*

Où est ma chère Zaïde ?

CADIGE.

Elle est là, seigneur, attendant votre retour avec impatience.

AZENDAÏ.

Que veux-tu dire avec ton seigneur ?

CADIGE.

Pardon, c'est cet habit qui vous donne l'air si distingué....

AZENDAÏ.

Ah ! ah ! tu trouves donc....

CADIGE.

Vous êtes charmant comme cela, et je suis sûre que la belle Zaïde....

AZSNDAI.

Fort bien. Va la trouver et dis-lui que je l'attends ici.
(*Cadige sort.*)

SCENE VI.

AZENDAI , *seul.*

(Il ôte un beau sabre qu'il pose sur un fauteuil.)

Eh ! eh ! mon habit neuf a déjà produit son effet ; espérons que Zaïde... Ah çà , je voudrais bien savoir à quel dessein l'emir Balou a passé tout-à-l'heure devant ma porte et s'y est arrêté pour la regarder ! Mais, bah ! qu'ai-je besoin de m'inquiéter ? ce vieux fou ne peut pas... eh ! mais qui sait ! cette maison, dans un quartier isolé, n'est peut - être pas très-sûre. (*regardant vers la fenêtre.*) Ce jardin... ô mon dieu ! voilà seulement que je remarque comme le mur en est bas et facile à escalader ! (*Il ferme la fenêtre.*) Pour dormir ici tranquillement, je vois qu'il me faudrait quatre ou cinq esclaves de plus, dont l'exacte surveillance... parbleu ! j'ai presque envie de demander à mon génie... doucement : tu as le nécessaire, me dirait-il ! ma foi, je ne sais pas trop si c'est l'avoir que de rester en danger de le perdre, faute de moyens pour le conserver. Excellente réflexion que je fais là ! Allons c'est décidé, dès demain je chercherai le sage Kalender qui me dira... Taisons-nous, voici Usbeck.

SCENE VII.

(*Il fait nuit.*)

AZENDAI , USBECK.

ASENDAÏ.

Eh ! bien , Usbeck , la colation ?

USBECK ,

Ma foi , cher maître, je n'ai rien trouvé chez le traiteur, notre voisin.

AZENDAÏ.

Comment , rien ?

USBECK.

Je veux dire si peu de chose...

AZENDAÏ.

Il fallait aller chez un autre.

USBECK.

Chez un autre, c'est très-loin , et voilà qu'il fait nuit.

AZENDAÏ.

Mais mon ami. nous ne pouvons pas nous passer .... tiens, retourne chez ton traiteur, tu prendras ce tu trouveras, il faudra bien nous en contenter pour ce soir. Va, cours, et reviens promptement.

USBECK , *à part en sortant.*

Je n'irai pas loin.

AZENDAÏ , *seul un isntant..*

Que je suis fâché que precisément aujourd'hui , le premier jour ! je me voie forcé de traiter si mesquinement celle pour qui je voudrais..... (*En se retournant il apperçoit une table couverte d'un brillant service et éclairée de bougies, qui, tandis qu'il parlait, a monté de dessous le plancher.*) Quel prodige ! (*Courant appeller à la porte.*) Usbeck ? Usbeck ?

USBECK , *de loin.*

Oui , cher maître.

AZENDAÏ , *à lui-même.*

Certes , voilà bien une marque évidente du pouvoir surnaturel qui me favorise ! (*A Usbeck , qui rentre.*) Usbeck, laisse-là ton traiteur, je me suis pourvu ailleurs.

USBECK.

Ailleurs ! eh mon dieu ! c'est donc avec une baguette magique que vous venez....

AZENDAÏ.

N'importe , n'importe ; cela ne te regarde pas. Voilà une colation servie, il ne s'agit plus.... Ah ! voici ma chère Zaïde.

USBECK , *à part.*

Cela ne me regarde pas, dit-il !

SCENE VIII.

CADIGE, ZAIDE, AZENDAI, USBECK.

AZENDAI.

Ah! viens, viens, ma bien aimée.

ZAIDE.

Je t'ai fait attendre, Azendaï; c'est Cadige qui...

CADIGE , *montrant la table.*

Ah ! voyez donc, Madame !

ZAIDE , *étonnée.*

Comment, Azendai ! voilà une table servie avec une somptuosité... c'est charmant !

AZENDAI.

Pouvais-je moins faire pour toi , ma belle amie ?

ZAIDE.

Aussi de la galanterie ! (*Bas à Cadige.*) Tu l'entends, Cadige, pour un Vannier...

CADIGE.

Il surpasse mon attente.

ZAIDE.

Eh ! mais, je n'avais pas encore fait attention... à la bonne heure , mon ami, ce nouveau vêtement te va très-bien ; sans être brillant, il est convenable et de bon goût.

AZENDAI.

Je suis charmé qu'il te plaise. Mais mettons-nous à table ; il est bien tems... (*à Usbeck et à Cadige.*) Laissez-nous , mes amis ; mais ne vous éloignez pas trop, pour être à portée de nous entendre, nous avons besoin de vous appeler.

USBECK.

Oui, cher maître. Allons, venez Cadige.

CADIGE, *à part*.

Il faut qu'il soit plus riche que je ne pensais.

(*Usbeck allume un bougeoir et sort avec Cadige.*)

SCENE IX.

ZAIDE, AZENDAI.

AZENDAI, *avançant deux fauteuils*.

Asseyons-nous, ma chère Zaide.

ZAIDE.

Volontiers. (*Elle s'assied.*)

AZENDAI, *s'asseyant*.

Voyons, que desires-tu de tout ceci? Tiens, goûtons ce plat qu me paraît... (*Il sert.*) En vérité, je doute si je veille! te voir là ma charmante amie, assise à cette table, à côté de moi... tant d bonheur... j'ai peur d'en devenir fou!

ZAIDE.

Pourquoi donc?

AZENDAI.

Oh! si tu savais quel chemin j'ai fait depuis ce matin!... Quoi qu en soit, il ne faut pas que tu t'attendes à trouver toujours ici... Je i suis pas un grand seigneur, et je ne puis...

ZAIDE.

Eh! mais, je sais fort bien, Azendai, qu'une maison ne peut pas monter en un jour : je suis raisonnable, et j'attendrai.

AZENDAI.

Ah! tu attendras.

ZAIDE.

Oui, des bagatelles, mille petites choses pour ma toilette : comn des colliers, des bracelets, où j'aimerais tant à voir briller les diama de Golconde et les perles de l'Orient.

AZENDAI.

Les diamans de Golconde! Apparemment que ces petites choses sont nécessaires.

ZAIDE.

Mais certainement.

AZENDAI.

Eh bien! vois quelle était mon erreur! je m'imaginais que tu ét assez parée de tes charmes.

ZAIDE.

Ce ne sont pas des complimens que je te demande.

AZENDAI.

Allons, allons, pour ta satisfaction, il n'est rien que je ne......
Tiens, buvons.

ZAÏDE.

A toi, mon aimable ami.

AZENDAI.

A toi, ma chère Zaïde. (*Il boit, puis à part.*) Des perles! des
diamans! hum!...

ZAÏDE, *regardant autour d'elle.*

Je considère aussi cette maison; entre nous, crois-tu qu'elle soit
logeable?

AZENDAI, *étonné.*

Qu'est-ce que tu dis donc? mais il me semble qu'on peut être beaucoup plus mal logé. (*à part.*) Et j'en sais quelque chose.

ZAÏDE.

Ai-je ici un appartement qui me convienne? Quoi! pas un boudoir,
un salon de compagnie, une salle de bains! Qu'est-ce encore que ton
jardin? Où sont ces belles et longues allées couvertes, ces fontaines
jaillissantes, et surtout ces jolis bosquets, ces ombrages mystérieux
où, pendant la chaleur du jour...

AZENDAI.

Assez, assez: si je te laisse dire, tu vas me demander peut-être
cette magnifique maison du feu prince de Bossora, qu'on voit ici près,
en sortant de la ville.

ZAÏDE.

Tout-à-l'heure, de ma chambre, j'en admirais le vaste et beau jardin. Oh! que je voudrais être là!

AZENDAI.

Je le crois, et moi aussi. C'est là que tu trouverais ces longues
allées, ces ombrages mystérieux...

ZAÏDE.

Ce serait charmant!

AZENDAI.

Sans doute, sans doute. Et puis l'occasion est belle; car cette
maison est en vente. Le premier visir en a, dit-on, offert vingt mille
tomans; mais on en veut trente mille.

ZAÏDE.

Il faut l'acheter, mon ami.

AZENDAI, *posant son verre qu'il allait boire.*

Par Mahomet! voilà bien l'idée la plus extravagante... En vérité,
Zaïde, tu m'effrayes: à t'entendre on te croirait une princesse enlevée
depuis peu sur les rivages de l'Indostan.

ZAÏDE.

Non; je suis tout simplement la fille de pauvres gens d'un village
de Géorgie. Enlevée, je ne sais comment, dès l'âge de six ans, je fus
élevée avec soin par un riche marchand d'esclaves; et c'est de ce cher
instituteur que Rustan m'a achetée, il y a trois mois.

Azendai.   E

(34)

AZENDAI.

La fille de pauvres gens ? Eh bien ! à la bonne henure, voilà qui
nous rapproche.

ZAIDE.

Pardon, Azendai ; quand je t'ai vu, pour moi seulement, dépenser mille dinars , je croyais...

AZENDAI.

Que je pouvais encore en dépenser cent mille, n'est-ce pas ? Non,
ma bonne amie. Un protecteur puissant m'a promis de m'accorder
toujours le nécessaire et jamais le superflu. Tu étais nécessaire à
mon bonheur : voilà pourquoi j'ai pu t'acheter.

ZAIDE.

Je t'en prie, laissons là ma folle proposition. Aime-moi toujours
de même, mon bon ami , et je n'aurai rien à desirer.

AZENDAI.

Ah ! cette assurance me rend le plus heureux des hommes. Mais
dis-moi donc... Rustan m'a parlé de tes talens ; tu serais bien aimable de me procurer le plaisir de t'entendre chanter !

ZAIDE.

S'il y avait ici un luth pour m'accompagner... (*On entend prélu-
der sur une harpe ou sur un piano.*) Qu'entends-je ?

AZENDAI.

Oh ! oh ! d'où cela peut-il venir ? (*Il se lève et va regarder de tous
côtés.*) Zaïde, essaie de chanter, nous verrons si cet instrument
mystérieux aura la complaisance...

ZAIDE.

Voyons. (*Elle chante le premier vers du couplet sivant ; l'instrument caché accompagne la voix et cesse avec elle.*)

AZENDAI

Eh ! mais, c'est cela !

ZAIDE.

C'est singulier !

AZENDAI, *à part.*

Allons, il faut qu'il y ait encore là.... Oui, c'est comme cette
table ; on ne veut pas que rien manque à la fête. (*Allant se rasseoir.*)
Continue, continue, ma chère amie.

ZAIDE.

(*Elle chante les couplets suivans, que l'instrument accompagne.
Azendaï écoute Zaïde avec ravissement.*)

> Sous le beau ciel de Géorgie,
> Fillette à peine a vu le jour
> Qu'elle sent naître, avec la vie,
> Désirs d'amour.
> Les eaux, les bois, là tout l'inspire :
> L'Amour est dieu dans ce séjour ;
> Jusques à l'air qu'on y respire
> Brûle d'amour.

C'est là que dans le frais bocage
On croit entendre, au point du jour,
L'oiseau dire dans son ramage :
Aimez d'amour.
Oui, sous le ciel de Géorgie,
Tout nous répète chaque jour :
Amour, doux charme de la vie !
Aimons d'amour.

AZENDAI.

Ah ! ma belle amie, tu m'enchantes ! ta voix porte à mon cœur.....
(*Se retournant vivement.*) N'entends-je pas du bruit dans le jardin ?
(Il va ouvrir la fenêtre et regarde.)

ZAIDE, *se levant.*

Qu'est-ce donc, mon ami ?

AZENDAI , *à la fenêtre.*

Je n'apperçois rien. Mais l'obscurité est si grande...

ZAIDE, *effrayée.*

Que regardes-tu donc ?

AZENDAI.

J'avais cru entendre... (*Refermant la fenêtre.*) Allons , je me serai
trompé. (*A part.*) Ce mur de jardin est si bas ! (*Il va pour se rasseoir
à table. L'on entend frapper.*) Oh ! oh ! n'est-ce pas à la porte de la
rue qu'on frappe ?

ZAIDE.

Qui pourrait venir ?

(*On frappe encore.*)

AZENDAI.

Usbeck ? Cadige ?

SCENE XI.

Les Précédens , USBECK , Ensuite CADIGE.

AZENDAI, *à Usbeck.*

Usbeck, sais-tu qui peut frapper à cette heure ?

USBECK.

Non, cher maître, je ne conçois pas.....

CADIGE, *entrant toute essoufflée.*

Cher maître, on a frappé ; j'ai couru, j'ai demandé : qui est là
on m'a répondu : L'émir Balou.

AZENDAI et USBECK, *en même tems.*

L'émir Balou !

CADIGE.

Il veut absolument vous parler : j'ai dit que j'allais vous le proposer,
et je n'ai pas ouvert.

(*Les coups de marteau redoublent.*)

AZENDAI.

Voudrait-il user de violence ?

USBECK.

Pour lui en ôter l'idée , je vais lui ouvrir et vous l'amener.

AZENDAI.

Es-tu fou ? Et s'il a du monde ?

USBECK.

Son monde n'entrera pas. (*On frappe encore plus fort.*) Vous l'entendez; si nous n'ouvrons pas, on brisera la porte. Courons; venez avec moi, Cadige?

CADIGE.

Mais, mon ami, je n'ai plus de sang dans les veines.

(Usbeck l'entraîne et ils sortent.)

SCENE XII.

ZAIDE, AZENDAI.

AZENDAI.

Zaïde, va vîte te renfermer.

ZAIDE.

Mais toi?

AZENDAI, *prenant son sabre.*

Ne crains rien; j'ai ici de quoi.....J'entends monter : va vîte, ma chère amie.

ZAIDE, *sortant.*

O mon Dieu! mon Dieu!

AZENDAI , *à lui-même.*

Je serai donc ici exposé sans cesse..... Non, je n'ai point encore le nécessaire.(*Allant écouter à la porte.*) Je reconnais la voix de l'émir! je crois qu'il est seul.

SCENE XIII.

AZENDAI, BALOU, USBECK, CADIGE, Ensuite ZAIDE.

AZENDAI , *à Balou, qui entre.*

C'est vous, seigneur! Qui vous amène? de quel droit.....

BALOU.

La paix! la paix! mon intention n'est pas de te faire de la peine. (*A part.*) Filons doux jusqu'à ce que.....

AZENDAI.

Que me voulez-vous enfin?

BALOU.

Deux mots, et je te laisse.

AZENDAI, *à Usbeck.*

Etait-il seul?

USBECK.

Deux hommes allaient le suivre; mais je leur ai brusquement fermé la porte au nez, et voici la clé.

(Azendaï replace son sabre sur un fauteuil.)

BALOU, *à part.*

Heureusement je puis me passer de ces deux là.

AZENDAI.

Usbeck, descends, et veille à la porte de la rue.

USBECK.

Oui, cher maître. (*A part.*) Allons vîte prévenir.... (*Il sort.*)

BALOU, *à part.*

Va, va veiller à la porte de la rue.

AZENDAI.

Seigneur émir, je vous écoute. Dépêchez-vous.

BALOU, *avec inquiétude.*

Oui..... je me dépêche. (*A part.*) Les autres devraient être dans le jardin. (*Haut.*) Écoute, Azendaï; tu es un honnête garçon, et je veux te rendre un service. Oui, oui, un service Un homme de ton état ne peut, sans danger, conserver une esclave comme Zaïde. Ecoute-moi donc? (*Ici, Zaïde avance la tête dans la porte entr'ouverte.* Je connais quelqu'un qui a formé le projet de te l'enlever, et qui a tous les moyens d'y réussir.

AZENDAI.

Morbleu ! s'il osait......

BALOU.

Il osera, je le connais; c'est l'homme le plus entêté.... Ainsi, tu perdras Zaïde, l'énorme somme qu'elle t'a coûtée, et pis encore peut-être. Eh! bien, cède-la moi, je te...

AZENDAI.

N'achevez pas, seigneur. Si c'est là tout ce que vous aviez à me dire....

ZAIDE, *s'approchant vivement.*

Azendaï, laisse moi répondre. (*A Balou, étonné de son apparition.*) Emir Balou, je veux t'apprendre que j'aimerais mieux vivre dans la plus pauvre cabane avec Azendaï, que d'aller habiter un palais avec toi. Laisse-nous.

AZENDAI.

Adorable amie !

BALOU, *à part.*

Ils sont là, je les entends. (*Haut.*) Oui dà, la belle! Eh! bien, apprends que tu n'a plus de choix à faire. Dans un instant, tu vas me suivre.

AZENDAI, *furieux, reprennant son sabre.*

Te suivre! Par la ventrebleu, crois-moi, Bâlou, sors, sors sur-le-champ, ou je ne réponds plus....

BALOU, *effrayé.*

Eh bien ! eh bien! je sors.

AZENDAI.

Dépêchons.

BALOU, *criant de toute sa force, en jetant un coup-d'œil vers la fenêtre.*

Oui, oui, je sors. M'entendez-vous? (*A part.*) Paraîtront-ils enfin? (*A Azendaï, qui le pousse.*) Eh! mais, donnez-moi donc le tems....

(En ce moment, la croisée à droite s'ouvre avec violence, et plusieurs hommes se précipitent de la croisée sur la scène, tandis que d'autres entrent par la porte. Zaïde pousse un cri d'effroi.

SCENE XIV.

Les Précédens, Les gens de BALOU.

AZENDAI.

Que vois-je? (*A Balou.*) Ah! traître, tu vas....

(*Balou a profité du premier mouvement de surprise d'Azendaï, pour courir à Zaïde qu'il saisit par le bras. Azendaï court le sabre levé sur Balou, mais il est entouré par les hommes et désarmé aussitôt.*)

BALOU, *à ses gens.*

Tenez-le bien, tenez-le bien. (*A Zaïde.*) Venez, venez la belle. (*A part.*) Elle est à toi, Balou !

(*Roulement de timbales, pendant lequel tout le monde reste immobile et écoute.*)

SCENE XV.

Les Précédens, HAROUN.

HAROUN, *criant avec force de l'intérieur.*

Misérables!   (*Etonnement général.*)

BALOU, *avec effroi, lâchant Zaïde.*

Grand Dieu! cette voix....

AZENDAI.

Est-ce mon bon génie qui vient me secourir?

ZAÏDE.

Son bon génie !

BALOU, *à part.*

C'est la voix du Calife! je suis perdu.

(*En même tems que la table disparaît, la cloison du fond s'enlève et l'on voit un riche salon, à l'entrée duquel, au milieu d'une éclatante lumière, on voit s'avancer Haroun, enveloppé d'une ample draperie blanche, avec une épaisse barbe noire.*)

BALOU, *consterné.*

Sublime représentant du grand prophète....

HAROUN.

Silence!

(*Balou se prosterne la face contre terre. Tous ses gens en font autant.*

AZENDAI, *à Haroun.*

Céleste intelligence, ô mon bon génie...

(*Il va pour se prosterner.*)

HAROUN, *l'en empêchant.*

, Laisse, Azendaï....il n'appartient qu'aux méchans de rester devant moi le front dans la poussière. Oui, je suis ton bon génie et je veux t'en donner une nouvelle preuve. La maison du feu prince de Bassora vient d'être achetée en ton nom. Dès demain tu peux aller l'habiter. (*Lui donnant une petite boîte de bois de sandal, avec clé et serrures dorées.*) Tu trouveras là ce qui va te devenir nécessaire. (*Regar-*

dant Balou.) Et malheur à ceux qui tenteraient encore de troubler ton repos. Émir Balou, lève-toi. Pour cette fois, je veux bien retenir la foudre qui devait frapper ta tête.

BALOU, se relevant.

O divine clémence! je jure....

HARAOUN.

Sors.

(Balou et ses gens se retirent respectueusement et à reculons , tandis qu'Haroun a le doigt tendu vers la porte , dans l'attitude du commandement. Azendaï et les deux femmes s'inclinent vers lui avec l'expression de la reconnaissance, et le rideau tombe sur ce tableau.)

Fin du second acte.

ACTE III.

*Le théâtre représente un magnifique jardin ; sur le devant, à gauche, est un riche péristile, dans le goût oriental, qui sert d'entrée à la maison : on y monte par quelques marches, entre deux rampes en marbre ; à droite est un joli berceau , sous lequel est une petite table et deux chaises de jardin. Le jardin est orné de jets d'eau, de vases, de statues, il est terminé par le Tigre , dont on apperçoit les flots, au delà d'une balustrade surmontée de pots de fleurs , de distance en distance. Plus loin deux colines , plantées d'arbres de toutes espèces , laissent entrevoir, dans la valée qui les sépare , une perspective immense, Mais la vue est interrompue par une maison rustique qui occupe l'entrée de cette vallée. (*)*

SCENE PREMIERE.

USBECK , et sept à huit Esclaves, dont quatre noirs , sortant de la maison.

USBECK.

Allons , c'est bien , mes amis. Azendaï ne doit plus tarder à revenir , et il vous saura gré d'avoir en si peu de tems, tout préparé pour le recevoir. Il est allé chercher sa bien aimée , et vous allez la voir. J'entends du bruit. (*Il va voir dans le fond.*) C'est lui , le voilà qui ouvre la grille. Courez à sa rencontre et faites ce que je vous ai dit.　　(*Les Esclaves sortent en courant.*)

SCÈNE II.

USBECK , ensuite AZENDAI ; ZAIDE , CADIGE et les Esclaves précédens.

USBECK , seul d'abord.

Voilà donc Azendaï devenu propriétaire de cette belle maison de

---

(*) La décoration change à vue plus tard ; mais on ou peut éviter ce changement et même le ballet, en se conformant à la note qu'on trouvera à la fin de la pièce.

(40)

plaisance , dont le prince de Bassora a fait si long-tems ses délices !
qui jamais aurait pu croire.....mais le voici.

(Azendaï entre triomphant , avec Zaïde et les Noirs. Il a un habit plus
riche et plus élégant.)

AZENDAÏ.

Ma chère Zaïde, tu vois les esclaves que j'ai trouvés dans la maison ,
ils sont compris dans le marché, et ils nous appartiennent. Enfin nous
voilà chez nous. Du moins on respire ici ! regarde, regarde autour
de toi, mon aimable amie, n'est-ce pas là tout ce que tu désirais ?

ZAÏDE.

Oh ! c'est charmant. (*Elle court dans le fond , passe et repasse
en regardant de tous côtés.*)

AZENDAÏ , *gaîment.*

Eh bien Usbeck ?

USBECK.

Ah ! cher maître , que j'ai de joie de votre bonheur.

CADIGE , *émerveillée.*

Mais, mais , qui se serait jamais attendu...

AZENDAÏ.

Ce n'est pas moi certainement. Aussi mon cœur suffit à peine....

ZAÏDE , *raccourant.*

C'est charmant, mon cher ami ! mais regarde donc, Cadige , n'est-
ce point un séjour enchanté ?

CADIGE.

Ah ! Madame , je me crois transportée dans un jardin de féerie.

ZAÏDE.

Et cette exposition qui permet à la vue de s'étendre au loin sur
le cours du Tigre !

AZENDAÏ , *regardant vers le fond.*

Oh ! oui , c'est surtout la vue.... Eh ! mais , je n'avais pas encore
fait attention....

ZAÏDE.

Qu'est-ce que c'est ?

AZENDAÏ , *changeant de place pour mieux voir.*

Quel dommage , voilà qui gâte tout.

ZAÏDE.

Quoi donc ?

AZENDAÏ.

Tiens , vois-tu cette vilaine petite maison là-bas ?

ZAÏDE.

Ah ! tu as raison.

CADIGE.

Oui , Azendaï a dit le mot : voilà qui gâte tout.

ZAÏDE.

Dès demain , mon bon ami , il faut la faire abattre.

AZENDAÏ

Mais elle ne m'appartient pas.

ZAÏDE.

Tu l'achèteras.

AZENDAÏ.

Si cela se peut...

ZAÏDE.

Cela se pourra. Mais, mais vois donc, sans cette misérable hutte, nous découvririons d'ici les croissans dorés qui brillent sur les tourelles du palais de campagne du Calife. Ne serait-ce pas admirable ?

AZENDAÏ.

Cette cabane appartient sans doute à quelque pauvre pêcheur, et je suis sûr que pour peu de chose...

ZAÏDE.

Et quand cela coûterait beaucoup, qu'importe ? ton mystérieux bienfaiteur ne te laissera pas dans l'embarras. A propos, tu ne m'as pas encore dit ce que contenait cette boëte qu'il t'a donnée.

AZENDAÏ.

Le contrat d'acquisition de cette maisom, avec quelques billets portant la signature d'un certain Ali-eb-Méhal, honnête homme, fort bon à connaître.

ZAÏDE.

Qu'il est donc aimable ton génie ? ce qui me plait de lui surtout, c'est qu'il est souverainement raisonnable. Ces choses que tu avais si peur de lui demander, parce que tu les croyais superflues, eh bien, tu vois, il les a jugées nécessaires, lui.

AZENDAÏ.

Oui, et en conscience, je ne l'espérais pas.

ZAÏDE.

C'est que tu n'es pas un génie, mon bon ami.

AZENDAÏ.

Je le sais fort bien. Qu'entends-je ?

(On entend une douce harmonie d'instrumens à vent.)

ZAÏDE, *qui a couru dans le fond.*

Ah ! viens donc voir, Azendaï ! les deux jolies barques qui descendent le fleuve ! ces banderolles, ces fraîches guirlandes... rien n'est plus galant !

USBECK, *à part.*

Résistera-t-il à la tentation ?

(Deux barques élégamment décorées passent dans le fond. Elles sont manœuvrées par des noirs et toutes remplies de femmes voilées. On les perd bientôt de vue dans les coulisses opposées.)

SCENE III.

Les Précédens , FEMMES VOILÉES *sur des barques.*

AZENDAÏ.

Toutes ces femmes voilées, qu'est-ce que cela veut dire ?

USBECK.

C'est sans doute un grand seigneur du voisinage qui fait amener dans sa maison de campagne les femmes de son harem.

ZAÏDE.

Ah ! pourquoi n'est-ce pas chez nous qu'elles viennent débarquer ? comme je m'amuserais ! comme je...

ZAÏDE, *bas à Cadige.*

Es-tu folle Cadige ?

AZENDAÏ, *à part.*

Eh ! cette femme a raison. Mais comment oser demander à mon génie...

ZAÏDE.

Mon ami, n'entrons-nous pas ? je meurs d'envie de voir la maison.

AZENDAÏ

Je vais te conduire, ma belle amie. Usbeck, j'ai fait ce matin chez les premiers marchands de la ville plusieurs emplettes qui vont m'être expédiées. C'est toi que les commissionnaires demanderont : tu les recevras, et les payeras.

USBECK.

Oui cher maître.

AZENDAÏ, *donnant la main à Zaïde.*

Entrons ma chère Zaïde. (*à part en sortant.*) Si cette maudite cabane n'était pas là !...

(Cadige et les Esclaves entrent avec eux dans la maison.)

SCENE IV.

USBECK , *seul.*

J'aime ce bon jeune homme, et cependant j'aide à le tromper. Oui, mais j'ai pour complices précisément ceux qui ne lui veulent que du bien. Le calife et son visir Mesrou sont en ce moment dans le village, cachés dans la maison du fermier. J'ai mes instructions et je m'y conformerai scrupuleusement. Ah ! ah ! Voici sans doute deux de ces commissionnaires qu'on attend.

SCENE V.

USBECK , OSMIN , *et un autre Commissionnaire.*
(Les derniers sont chargés de paquets et de cartons.)

OSMIN , *en entrant.*

Usbeck ?

USBECK.

C'est moi.

OSMIN , *lui donnant une facture.*

Tenez.

USBECK , *regardant la facture.*

Ah ! ah ! ce sont les étoffes. Entrez, vous déposerez cela sur une grande table que vous verrez sous le vestibule.
(Les deux Commissionnaires entrent dans la maison et Usbeck continue en regardant la facture.)
Eh ! eh ! la dépense va déjà bon train. Azendaï n'en restera pas là. Je l'observais tout-à-l'heure, quand ces barques ont passé...
(*riant.* Eh ! eh ! eh ! je vois cela d'ici, nous aurons un harem.
(*Aux commissionnaires qui reviennent.*) Tenez, mes amis, voilà pour votre peine. (*Il leur donne de la monnaie.*)

OSMIN.

Merci, notre maître.

L'AUTRE COMMISSIONNAIRE, *en s'en allant.*

Allons, viens, Osmin.

USBECK, *à part.*

Osmin! ne serait-ce pas... (*Appelant Osmin qui a suivi son camarade.*) Dis donc, l'ami.

SCENE VI.

USBECK, OSMIN.

OSMIN, *revenant sur ses pas.*

Qu'est-ce que c'est ?

USBECK.

Tu te nommes Osmin ?

OSMIN.

Oui.

USBECK.

Commissionnaire?

OSMIN.

Vous le voyez bien.

USBECK.

Je crois que c'est toi qu'on m'a ordonné de chercher ce matin.

OSMIN.

Pourquoi faire ?

USBECK.

Une chose fort agréable. Connais-tu Azendaï?

OSMIN.

Si je le connais! C'est mon intime : deux doigts de la main ne sont pas plus unis que nous l'étions depuis dix ans ; (*avec un soupir.*) mais, helas...

USBECK.

Quoi donc?

OSMIN.

Ne m'en parlez pas ; un si aimable garçon !...

USBECK.

Eh ! bien?

OSMIN, *d'un air de confidence.*

Sa tête..... Ah! mon dieu! Hier matin, ne l'ai-je pas rencontré qui riait et sautait tout seul, au milieu du bazar? je m'approche de lui, je lui parle; voilà mon homme qui bat la campagne, qui veut acheter une maison, qui me demande si je... Songez donc... Un pauvre diable qui peut à peine, en suant sang et eau, gagner une dragme par jour! Oh! cela m'a...

USBECK.

Allons, allons, ne t'afflige pas, mon garçon : ton ami n'a pas perdu la tête, la maison qu'il voulait acheter... Mais il te dira cela lui-même ; car le voici.

SCENE VII.

Les Précédens, AZENDAI.

AZENDAI.

Eh bien! Usbeck, on a donc apporté... Eh! mais, c'est toi, Osmin!

OSMIN.

Que vois-je? est-ce bien Azendaï?

AZENDAI.

Oui, mon ami. moi-même. Parl!eu! puisque te voilà, tu vas... (*à Usbeck*) Usbeck? (*Il lui parle à l'oreille, puis il dit haut.*) Oui, oui, là, sans façon, sur cette petite table. Dépêche-toi. (*Usbeck sort.*)

SCENE VIII.

OSMIN, AZENDAI.

AZENDAI.

Eh bien! Osmin, comme tu me regardes!

OSMIN.

C'est que j'étais si loin de m'attendre, en venant ici... Comment c'est toi, avec cet habit magnifique! Et que fais-tu dans cette maison?

AZENDAI.

Ce qui me plaît : je suis chez moi, eh! oui, mon cher. J'ai aussi une maison en ville, un jolie petite maison, ma foi ; mais en comparaison de celle-ci...

OSMIN.

Quoi! ce riche domaine...

AZENDAI.

M'appartient. (*Riant.*) Ah! ah! ah! tu as beau ouvrir tes grands yeux, c'est comme je te le dis. Un protecteur puissant et d'une nature supérieure... mais j'ai bouche close là-dessus. (*A un noir qui apporte une bouteille et deux verres.*) Ah! bon; pose là, et laisse-nous. (*Le noir sort.*)

OSMIN, *à part, tandis qu'Azendaï rapproche la table et débouche la bouteille.*

Un protecteur puissant!... Eh! mais, j'y songe : ces deux Arméniens auxquels il a sauvé la vie... si le Calife en était un, par hasard! Ah! diab'e...

AZENDAI.

Osmin, tu dois être altéré de ta course : tiens, viens boire un coup.

OSMIN, *avec un peu d'embarras.*

Quoi! vous voulez...

AZENDAI.

A qui parles-tu, je t'en prie? Vous voulez!...

OSMIN.

Ma foi, je ne sais plus trop comment parler à celui qu'une si haute protection vient de distinguer des gens de notre état.

45

AZENDAI.

Ma haute protection ne m'empêchera jamais de voir en toi mon meilleur ami. (*Lui présentant un verre plein.*) Allons, veux-tu me fâcher?

OSMIN, *prenant le verre.*

Non, donne.

AZENDAI.

A la bonne heure. Mais asseyons-nous et causons. (*Ils s'asseynt.*)

OSMIN.

A ta prospérité, mon cher Azendaï.

AZENDAI.

Merci. A la tienne, Osmin.

OSMIN, *allant pour boire.*

Eh! mais, c'est du vin!

AZENDAI.

Oui, oui, et du bon, je m'en vante. Mais bois donc.

OSMIN, *après avoir hésité.*

Allons, le Prophète ne s'en fâchera pas; c'est sans doute le mauvais vin qu'il a défendu. (*Il boit.*) L'excellente liqueur!

AZENDAI.

Eh bien! notre convention d'hier... celui de nous qui aura fait la meilleure journée, as-tu dit... Hein! est-ce moi? Au surplus, je t'avertis que ceci n'est qu'un à compte; j'espère bien...

OSMIN, *buvant.*

Je l'ai toujours dit, tu es le plus aimable garçon que je connaisse. (*Tendant son verre.*) Encore un acompte, je t'en prie.

AZENDAI, *lui versant.*

Volontiers.

OSMIN.

Charmant garçon! charmant garçon.

AZENDAI.

Tiens mon cher Osmin, je veux que tu profites de ma bonne fortune: et pour commencer, je te donne ma petite maison; ensuite..... Écoute-moi donc. J'y joins quelques avances pour établir un bon commerce, et tu pourras y faire en peu de tems...

OSMIN.

De très-mauvaises affaires. (*Il se lève.*) Pas de ça, pas de ça, mon cher. Un commerce à moi, qui n'y connais rien! qui ne sait ni lire, ni écrire! je te remercie: garde ta petite maison, qui serais trop grande pour moi. les avances que j'emploirais fort mal, et laisse-moi comme je suis. Je ne te demande qu'une chose: c'est qu'en dépit de ta bonne fortune, tu me conserves ton amitié.

AZENDAI, *se levant aussi et lui serrant la main.*

Toute ma vie, mon cher Osmin. Mais j'aurais voulu...

OSMIN.

Paix! je suis content. (*Il reprend son verre.*)

AZENDAI.

Le singulier homme!

OSMIN, *buvant lentement.*

Sais-tu qu'il est exquis ton vin ? Le sourire des houris ne vaut pas cela, j'en suis sûr.

AZENDAÏ.

Ah ! ne vaut pas cela... Je suis pour les houris, moi. (*S'appuyant sur l'épaule d'Osmin.*) J'en ai une, mon ami.

OSMIN.

Une houri ?

AZENDAÏ.

Je veux dire une femme qui a pour moi tout le charme que l'imagination prête à ces filles du ciel. C'est Rustan qui me l'a vendue.

OSMIN.

Ah ! c'est donc cette esclave que tu...

AZENDAÏ.

Oui, elle est ici, je viens de la laisser à sa toilette.

OSMIN.

Heureux mortel ! une maison de campagne de prince ! une belle femme et du bon vin ! et tu n'en es pas plus fier ! c'est charmant cela, de nous voir ainsi tous deux, moi, avec mon habit de travail, toi, brillant comme un soleil, trinquant familièrement ensemble, là... comme si... à ta santé mon ami. (*Il boit.*)

AZENDAÏ.

Ce bon Osmin !

OSMIN, *achevant son verre.*

N'auras-tu que celle-là ?

AZENDAÏ.

Comment ?

OSMIN.

Eh oui, puisque te voilà grand seigneur, il te faudrait...

AZENDAÏ, *souriant.*

Un harem peut-être ?

OSMIN.

C'est cela.

AZENDAÏ

J'y ai déjà pensé, mon ami.

OSMIN.

Bah !

AZENDAÏ.

Oui, j'ai là-bas certain corps-de-logis.... ce serait en vérité dommage de le laisser désert.

OSMIN.

Ah çà, écoute donc, c'était pour badiner que je disais cela. Je n'avais d'autre idée...

AZENDAÏ.

Elle est excellente ton idée. En effet, sans un harem, cette belle maison, ce jardin immense ne seront jamais qu'une triste solitude.

OSMIN,

Quoi ? mon ami, c'est sérieusement.....

AZENDAÏ, *continuant.*

Mais comme tout s'anime, si je vois courir dans ces longues allées, autour de ces bassins, une vingtaine de jeunes odalisques qui se poursuivent, se séparent, s'appellent, se réunissent, en poussant des cris folâtres; vois-tu, vois-tu le joli coup-d'œil que cela fait ?

OSMIN.

Par Mahomet ! je crois y être. Tu me donnerais presqu'envie de courir après toutes ces petites....

AZENDAÏ.

Et ma Zaïde au milieu de tout cela, plus belle, plus séduisante que toutes les autres ! Quel tableau ravissant, enchanteur !

OSMIN.

Tu as raison, mon ami, dans une maison comme celle-ci, un harem est nécessaire.

AZENDAÏ.

Est nécessaire, c'est le mot. Sais-tu bien que tu parles comme un ange, mon cher Osmin.

OSMIN.

C'est ton vin qui fait cela apparemment.

AZENDAÏ.

Eh bien, encore un coup. (*il verse.*)

OSMIN.

C'est bien parler aussi cela.

AZENDAÏ.

A la santé de nos anciens camarades.

OSMIN.

Bien, je le leur dirai, sois en sûr.

AZENDAÏ.

Et surtout à notre ami Tobar, n'oublie pas celui-là.

OSMIN, *tristement.*

Tobar ? hélas ce pauvre ami. ..

AZENDAÏ.

Que lui est-il arrivé ?

SCENE IX.

USBECK, et les Précédens.

USBECK.

Cher maître, Zaïde trouve que vous tardez bien.

AZENDAÏ, *vivement.*

Usbeck, un moment, (*à Osmin.*) Eh bien Tobar ?

OSMIN.

Il y a huit jours que le malheureux a fait une chûte dont il est si grièvement blessé, que le voilà pour un mois peut-être condamné à ne pouvoir travailler.

AZENDAÏ.

Ah ! mon Dieu !

OSMIN.

Une femme, quatre enfans en' bas âge et rien pour les nourrir
oh! c'est...

AZENDAÏ, *tirant vivement de sa bourse quelques pièces d'or.*

Fais - moi un plaisir, Osmin, va voir Tobar aujourd'hui même et
donne-lui ceci.

OSMIN.

Quoi, de l'or! une si forte somme...

AZENDAÏ.

Prends, prends. Je puis faire cette dépense. (*A lui-même.*) Parbleu! si quelque chose est nécessaire, c'est bien, je crois, de
secourir les malheureux.

USBECK, *à part.*

Aimable jeune homme!

OSMIN, *avec sentiment.*

Que je t'embrasse, Azendaï! ce que tu fais là... (*s'essuyant les
yeux.*) Mais je te laisse, et je cours bien vite pour entendre plutôt
le concert de bénédictions qui va retentir en ton honneur sous le toit
du pauvre Tobar.   (*Il sort en courant.*)

SCENE X.

AZENDAI, USBECK, *ensuite* ZAIDE.

USBECK, *à part.*

Je suis sûr que là bas, dans la ferme, on apprendra ceci avec
plaisir.

AZENDAÏ, *revenant de conduire Osmin jusqu'à la coulisse.*
Allons rejoindre ma chère Zaïde.

USBECK.

Tenez, la voilà qui vient ici.

AZENDAÏ, *à Zaïde qui entre en brillante parure.*
Ah! ma tendre amie, que tu es charmante avec cette parure!

ZAÏDE.

Et cependant tu vois qu'elle est bien simple.

AZENDAÏ, *souriant.*

Bien simple!

ZAÏDE.

Je viens de visiter tous les appartemens Ah! mon ami, que je suis
contente! Elle est superbe ta maison! quelle magnificence! quelle
richesse!

AZENDAÏ, *avec distraction.*

Oui, oui, c'est très-beau, mais ce n'est que vue... Allons, déci-
dément, cette cabanne ne peut rester là. Usbeck, va promptement
jusqu'à cette petite maison là-bas; vois le propriétaire: quelque prix
qu'il en demande, conclus avec lui, va, je t'avouerai de tout.

USBECK.

Il suffit, cher maître.   (*Il sort.*)

SCÈNE XI.

ZAÏDE, AZENDAÏ, ODALISQUES *non voilées, ensuite un Noir.*

ZAÏDE.

C'est très-bien, Azendaï : voilà comme j'aime à te voir agir. Oh ! mais, vois donc, vois, donc, mon ami !
(On entend un air de danse en sourdines, sur lequel on voit paraître dans le fond, deux, ensuite quatre, ensuite un plus grand nombre de jeunes odalisques qui traversent légèrement le théâtre et reviennent sur leurs pas.)

AZENDAÏ.

Par quelle aventure... (*Allant vers elles.*) Mes belles, me direz-vous... (*Elles se sauvent toutes à son approche.*) Je ne conçois pas....

ZAÏDE.

Ce qui m'étonne, mon ami, c'est que j'en ai reconnu deux ou trois qui étaient mes compagnes chez Rustan.

AZENDAÏ.

Est il possible ? mais où est donc Usbeck ? (*Appellant.*) Usbeck ? Usbeck.

ZAÏDE.

Tu l'as envoyé chez le pêcheur.

AZENDAÏ.

Ah ! c'est vrai. Tiens, tiens, regarde, les voilà toutes rassemblées là bas, avec bon nombre de noirs et d'autres esclaves.

ZAÏDE.

Elles auront trouvé la grille ouverte, et la curiosité, sans doute...

AZENDAÏ.

Ecoute, Zaïde, sais tu bien que tout ce monde là ne serait pas de trop dans une maison comme celle-ci ?

ZAÏDE

Eh mais, ce monde que tu dis, c'est un harem ! tu voudrais un harem !

AZENDAÏ.

Mais pense donc, ma bonne amie, combien il te serait agréable de trouver, quand tu le voudrais, autour de toi de jeunes personnes de ton âge, avec qui tu pusses rivaliser de parure, de grâces, de talens, et sur qui tu l'emporterais toujours. Et puis songe que sans un harem, point de jeux, de danses, de concerts pour varier tes plaisirs et charmer tous tes momens ?

ZAÏDE, *malignement.*

Tu ne parles pas des tiens.

AZENDAÏ.

Oh ! sois tranquille, jamais....

ZAÏDE.

Eh bien... oui, toutes réflexions faites, aye ton harem, j'y consens Pourvu que ton génie ne juge pas que c'est justement là ce superflu qu'il t'a défendu de lui demander.

AZENDAÏ, *souriant*

Oh ! il est si raisonnable, disais-tu tantôt !

ZAÏDE.

Ah ! ah ! que nous veut cet esclave ?

Azendaï.

G

AZENDAÏ, *à un noir qui lui présente un billet.*

Qui t'envoie, l'ami ? (*Le noir témoigne qu'il est muet.*)

ZAÏDE.

Un muet ! Eh ! mon dieu... Ce billet va t'apprendre, sans doute....

AZENDAÏ, *parcourant le billet.*

C'est Rustan qui m'écrit.

ZAÏDE.

Rustan !

AZENDAÏ.

Oh ! oh ! écoute, écoute un peu ceci. (*lisant.*) « Azendaï,
» l'homme que tu m'as envoyé a vu le zèle que j'ai mis à remplir
» tes intentions. » (*à Zaïde.*) L'homme que je lui ai envoyé ! Que
je meure si je comprends...

ZAÏDE.

Achève donc vîte.

AZENDAÏ, *lisant.*

« Tu peux te vanter maintenant d'avoir un harem dont s'applau-
» dirait un premier visir. Au reste, c'était juste ; quand je suis bien
» payé, je sers bien. » (*à Zaïde.*) Il est bien payé, dit-il. (*lisant.*)
» Je n'attends pas de réponse, car je pars à l'instant. Salut. RUSTAN.»
Pouvais-je jamais m'attendre....

ZAÏDE.

Pourquoi donc pas, Azendaï ? tes vœux auront été entendus, et
les voilà remplis. (*au muet.*) Va, l'ami, fais approcher tout ce
monde.　　　　　　　　　　　　　　　　　　　(*Le muet sort.*)

AZENDAÏ.

Comment ? c'est toi-même qui veux ...

ZAÏDE.

Oui, mon ami, je suis très-contente.

AZENDAÏ.

Ah ! tu es adorable ! O mon céleste bienfaiteur ! comment t'ex-
primer.... ,

SCENE XII.

Les Précédens, Odalisques, Esclaves noirs et blancs.

(Sur une marche avec cimballes et triangles, on voit entrer le cortége. Quand
il est arrivé devant Azendaï, les Odalisques se prosternent devant lui. Il s'em-
presse de les faire relever.)

ZAÏDE, *à quelques-unes.*

Te voilà donc, Zulime ? et toi, Roxane ; Atalide aussi ?

(*Elle leur fait amitié.*)

AZENDAÏ.

Allons, mes belles amies, soyez les bien-venues. Je serais flatté
de vous voir exécuter une fête pour ma Zaïde, la bien-aimée de
mon cœur.　　　　　　　BALLET.

(Zaïde et Azendaï vont s'asseoir sur des carreaux que des esclaves apportent
devant le péristile. Les Odalisques et les noirs exécutent des danses de divers
caractères.)

AZENDAÏ, *se levant après le ballet.*

C'est très-bien. Maintenant, mes jeunes amies, songez que c'est à

Zaïde plutôt qu'à moi que vous allez appartenir. Je lui abandonne
sur vous tout pouvoir ; attachez-vous donc à lui plaire.

ZAIDE.

Mon ami, voici Usbeck....

AZENDAI.

Ah ! bon !

SCENE XIII.

Les Précédens, USBECK.

AZENDAI.

Éh bien, Usbeck, le propriétaire de cette petite maison...

USBECK.

Je suis furieux, cher maître. Par un inconcevable entêtement, cet
homme ne veut pas la vendre.

AZENDAI.

Il est donc riche ?

USBECK.

Pas du tout. Je l'ai trouvé là, raccommodant ses filets, et autour
de lui, quatre ou cinq marmots presque nuds, qui sont ses enfans.
Eh bien, malgré cela, il refuse vingt fois, au moins, la valeur de sa
misérable cabane, que je me suis permis de lui offrir : je ne veux pas
la vendre, disait-il ; ma pêche fournit à tous mes besoins : j'ai le nécessaire, et ne desire rien de plus.

AZENDAI, à part.

Il a le nécessaire !

USBECK.

Mais songe donc, lui dis-je, que du prix que je t'offre, tu pourras acheter une maison dix fois plus grande et plus belle que la tienne.
— Ce ne serait pas la mienne : c'est sous ce toît que je suis né, j'y
suis heureux, tout m'y attache ; je tiens ici comme le beau palmier
qui ombrage ma porte, et qu'on ne pourrait déraciner sans le faire
périr. » Puis voilà qu'il me montre auprès de là le bosquet témoin de
ses amours, devant lui la pelouse où vont jouer ses enfans, de cet
autre côté... — Eh ! que diable ! me suis-je écrié, tu ne perdras
rien de toutes ces belles choses, pour aller t'établir cent pas plus
loin. — Je ne veux pas me déranger. — Mais vois donc tes enfans,
maudit entêté ! ils te reprocheront un jour... — Ils ne seront pas
plus malheureux que leur père : adieu. » Là-dessus, il me tourne
le dos, s'éloigne en chantant, et me laisse là tout stupéfait de sa
ridicule obstination.

ZAIDE.

Cet homme est bien bizarre !

AZENDAI.

Je vois ce que c'est. Le coquin a deviné mon intention ; il se fait
un malin plaisir de s'opposer à l'envie que j'ai de faire disparaître sa
cabane de l'endroit où elle offusque ma vue. Voilà le seul motif de sa
résistance, et le malheureux refuse son bonheur et celui de ses enfans, uniquement exprès pour contrarier le mien.

ZAIDE.

C'est une indignité.

USBECK.

A votre place, cher maître, je n'en resterais pas là. Le grand Haroun-al-Ralschid est souverain ment juste. Je ne doute pas qu'il ne condamne dans ce pêcheur le caprice et l'entêtement. C'est ce qu'il a déjà fait, à ma connaissance, dans une occasion semblable.

AZENDAI.

Dans une occasion semblable?

USBECK.

Absolument. Nous ne sommes qu'à deux pas de la ville. L'heure approche où chaque jour le Calife donne ses audiences. Venez, je n'hésite pas à vous accompagner, pour rendre témoignage à la vérité.

ZAIDE.

Usbeck a raison, mon ami.

AZENDAI.

Eh bien, partons, mon cher Usbeck. Je veux en avoir le cœur net.

USBECK, *à part.*

Voilà ma commission remplie.

AZENDAI.

Adieu, ma chère Zaïde. Je ne serai pas long-tems absent. Peste soit du maudit homme qui vient troubler mes plaisirs, au moment où je croyais n'avoir plus rien à desirer au monde.

(Il s'éloigne par la droite avec Usbeck. Zaïde, les femmes et les autres esclaves le conduisent jusques dans les coulisses ; et aussitôt que le théâtre est vide, la décoration change.)

(Le théâtre représente une grande salle du palais du Calife. Un trône, élevé sur plusieurs marches, et décoré avec magnificence, en remplit le fond. Mais, au moment du changement, la partie de cette salle occupée par le trône, est cachée par une draperie qui tient toute la largeur du théâtre.)

SCENE XIV.

HAROUN, MESROU.

(Haroun est couvert d'un manteau brun, sous lequel on entrevoit son brillant costume)

HAROUN, *en entrant.*

Azendaï est donc en route pour se rendre ici ?

MESROU.

Oui, seigneur. C'est ce que vient de m'assurer un esclave qu'Usberg a fait partir en avant, pour m'en donner avis.

HAROUN.

En ce cas, nous sommes revenus à tems.

MESROU.

Qui se serait attendu qu'Azendaï viendrait aujourd'hui réclamer le droit d'acheter et d'abattre une cabane qui lui gâte un point de vue ?

HAROUN, *riant.*

Lui, qui, dans son étroit et obscur réduit, n'avait encore hier devant les yeux, que les murs des maisons voisines ! et aujourd'hui, ce n'est plus assez pour lui que de posséder la plus belle maison de plaisance qui soit aux environs de Bagdad, vingt femmes charmantes dans son harem, un grand nombre d'esclaves, un luxe de parure et d'ameublement qui rivaliserait avec celui d'un prince ! Il faut convenir que ce jeune homme est un peu difficile à contenter.

MESROU.

Voilà cependant, pour un homme de son état, une assez forte dôse de superflu qu'il a obtenue de votre munificence.

HAROUN.

Que veux-tu, mon cher Mesrou ? je ne voulais rien calculer avec celui qui m'a sauvé la vie. Je ne me repends pas de ce que j'ai fait pour lui. Ce qu'Usbeck nous a rapporté de sa conduite avec d'anciens camarades... Oui, Azendaï mérite d'être heureux. Cependant il est tems que je m'arrête. Pour donner le nécessaire à ce jeune insensé, mon trône et mes trésors ne suffiraient pas. Qu'est-ce donc que le superflu, si personne ne croit jamais le posséder ? Ah ! mon ami, je vois que ce que l'homme appèle le nécessaire est un gouffre où l'univers entier s'engloutirait sans le remplir.

MESROU.

Je vous en avais prévenu, seigneur.

HAROUN.

Oui ; mais j'étais loin de m'attendre que le pauvre Azendaï aurait porté si loin l'extravagance de ses desirs. Il faut avouer aussi que sa Zaïde est bien un peu la cause... A propos, viendra-t-elle ?

MESROU.

Ceux qui sont allés la chercher ont ordre de faire la plus grande diligence : elle ne peut tarder.

HAROUN.

Quant à Azendaï, je voudrais, pour toute punition, qu'on pût lui remettre devant les yeux... Ne t'ai-je pas parlé ce matin d'une idée qui m'était venue ?

MESROU.

Oui, Seigneur ; et j'ai même déja prévenu votre intention : car je viens d'envoyer dans son ancienne demeure, pour qu'on en rapporte...

HAROUN.

Paix ! J'entends du bruit dans la salle des gardes ; c'est Azendaï, peut-être. Je te laisse. Attends ici que je te fasse avertir. (*Il sort.*)

SCENE XV.

MESROU, AZENDAI, USBECK.

USBECK, *bas à Azendaï, en entrant.*

C'est le visir Mesrou.

MESROU, *à Azendaï qui le salue profondément.*

Jeune homme, qui t'a permis de pénétrer dans cette enceinte ?

AZENDAI, *troublé.*

Seigneur... pardon, je viens... je voudrais...

MESROU.

Comment te nommes-tu ?

AZENDAÏ.

Azendaï, Seigneur.

MESROU.

Azendaï! Tout autre eut payé de sa tête..... mais Azendaï peut rester. (*Un esclave vient parler à Mesrou.*)

AZENDAI, *bas à Usbeck.*

Encore mon nom! tu l'entends.

MESROU, *à l'esclave.*

Bon! il suffit. (*L'esclave se retire.*) Azendaï, tu vas bientôt jouir de l'insigne faveur de contempler sur son trône le plus grand des monarques de l'Asie   (*Il sort.*)

SCENE XVI

AZENDAI, USBECK.

AZENDAI.

Conçois-tu cela, Usbeck? Hier, ce capitaine de Spahis qui ne veut plus m'arrêter, quand je me suis nommé! puis voilà le visir Mesrou, tout prêt à se fâcher, et qui s'appaise aussitôt qu'il entend mon nom! c'est singulier, au moins!

USBECK.

Très-singulier, en effet. Il est possible que le génie ait attaché à votre nom certain... je ne sais quoi... qui...

AZENDAI.

Ecoute... écoute! (*On entend commencer l'air d'une marche.*) Ah! viens donc voir, Usbeck..... dans cette galerie, tout ce monde qui se rassemble, ces officiers, ces gardes, ces femmes..... Rangeons-nous de ce côté.

(*On voit défiler dans le fond, des officiers, des gardes, ensuite des femmes suivies de deux petits noirs qui portent un objet caché sous un voile richement brodé; d'autres officiers et des gardes ferment la marche.*)

AZENDAI, *parlant sur l'air de la marche qui s'éloigne.*

Tout cet appareil du souverain pouvoir jette dans mon âme un trouble...

USBECK.

Vous avez remarqué, cher maître, ces deux petits noirs qui ont passé? Que portaient-ils là de caché sous ce beau voile?

AZENDAI.

C'est apparemment quelque chose de bien léger, pour que ces enfans n'en paraissent pas plus chargés.

USBECK.

Oh! très-léger, assurément, (*à part*) si c'est ce que je soupçonne.
          (*On entend un bruit de trompette.*)

AZENDAI.

Oh! mon dieu! la peur me prend, mon cher Usbeck, et je ne sais plus si j'aurai le courage...

SCENE XVII ET DERNIERE.

Les Précédens, LE CALIFE, ZAIDE, Femmes de la Cour du Calife, Officiers, Gardes, Noirs, Peuple.

(*La draperie s'écarte à droite et à gauche, et l'on voit le Calife sur son trône et* dans son plus brillant costume ; Mesrou va se placer sur les marches. Tout le fond du Théâtre est rempli d'officiers et de gardes ; quelques gens du peuple se répandent sur le devant. Sur une estrade, à droite, sont plusieurs femmes, dont quelques-unes sont voilées et d'autres ne le sont pas. Zaïde est parmi les premières, et n'est point remarquée d'Azendaï. Au moment où le rideau s'écarte, Azendaï, Usbeck et le peuple se prosternent ; un officier les fait relever sur un signe du Calife. Les deux petits noirs, qu'on a vus passer, reparaissent, et vont déposer leur fardeau sur un guéridon doré qui est à gauche.)

MESROU.

Approche, Azendaï.

HAROUN.

Jeune homme, je connais le sujet de ta plainte contre un pêcheur des bords du Tigre ; mais, avant de te permettre de parler, je t'ordonne d'écarter ce voile.   (Il lui indique le guéridon à gauche.)

AZENDAI, à part, avec saisissement.

O ciel ! cette voix ne m'est pas inconnue ; on dirait...

HAROUN.

Eh bien ?

AZENDAI.

J'obéis, Seigneur.
(Il écarte le voile, en tremblant, et l'on voit une corbeille non terminée, sur laquelle est jeté l'habit qu'Azendaï avait au premier acte.)
Que vois-je ? ce vêtement... eh ! mais, c'est mon habit de travail ! Voilà aussi cette corbeille qu'hier matin je me disposais à terminer, quand j'y ai trouvé les premiers bienfaits de mon invisible protecteur. Comment se fait-il...

HAROUN.

Regarde-moi bien, Azendaï.

AZENDAI.

Grand Dieu ! ce sont les traits, c'est la voix de celui que j'appelais mon bon génie !

HAROUN

Et qui n'aurait pas cessé de l'être, si tu avais été plus sage. Tu n'avais demandé que le nécessaire, et j'avais résolu de t'accorder tout ce que tu demanderais ; mais tes vœux insensés ont passé toute mesure : je t'ai comblé de richesses qui te rendent l'égal des premiers de mes sujets, et tu n'es pas satisfait ! Comment as-tu si promptement oublié que naguère encore tu tressais cette corbeille pour subvenir à ta subsistance. Pour le rappeler à ta mémoire, tu mériterais que je te fisse déposer les riches habits qui te couvrent, et revêtir ceux de ton premier état.

AZENDAI.

Juste ciel ! Ah ! Seigneur, ce ne sont pas les richesses que je regretterais ; mais Zaïde, ma chère Zaïde ! je ne puis plus vivre sans elle ; et si tu m'ôtais les moyens de la conserver, autant vaudrait ordonner ma mort.

HAROUN.

Rassure-toi, Azendaï : je veux récompenser le service que tu m'as rendu.

AZENDAI, étonné.

Que je t'ai rendu, ô mon souverain maître ! moi ?

HAROUN.

Oui, brave jeune homme, tu vois en moi et dans mon visir Mesr
les deux marchands arméniens que tu as si à propos secourus l'ai
unit. *(Il lève le voile de Zaïde que dés femmes amènent)*

AZENDAI.

Zaïde !

HARON.

Epouse Zaïde et garde tout ce que je t'ai donné ; mais, puisq
faut que l'homme desire toujours quelque chose, je veux que la
bane du pêcheur reste à sa place, et que tu ne puisses jamais en
poser.

AZENDAI.

Ah ! j'y renonce de bon cœur ; je fais plus, souverain command
des Croyans, de tous les biens que tu m'as donnés, je ne veux gar
qu'une honnête aisance et ma chère Zaïde ; le reste est pour mc
superflu, j'en ferai du bien aux malheureux.

HAROUN.

Ta résolution est noble et belle, Azendaï ; tu n'as dans son exé
tion aucun excès à craindre ; dans tous les cas je saurais y pourvoir

FIN.

Nota *pour les Théâtres qui n'ont point de ballet, et pour ceux qui manqi
des moyens de changer la décoration à vue.*

(Pour supprimer le ballet au 3ᵉ acte.)

☞ Scène 2ᵉ. *Après ces mots de Zaïde :* Vois donc, vois donc, mon ami,
ajoute : toutes ces femmes qui entrent là-bas dans le jardin. — AZ. Par qi
aventure... — ZAÏ. Ce qui m'étonne, c'est quil me semble en reconnaître (
ou trois, etc. ; *suivez la scène jusqu'à ces mots de Zaïde :* Et les voilà remp
après lesquels elle ajoute : Allons recevoir tout ce monde — AZ. Comment ! (
toi ? etc. ; *suivez jusqu'à ces mots :* Céleste bienfaiteur ! comment t'exprim
(Il va pour sortir.) ZAÏ. Attends, voici Usbeck déjà de retour. — AZ. *
bon, etc. ; *tout de suite la scène 13.*

(Pour éviter le changement à vue au troisième acte.)

*Après la sortie d'Azendaï, d'Usbeck et de Zaïde, à la fin de la scène
des gardes, Mesrou et Haroun, en brillant costume, entrent en scène ;
regardent aller Azendaï. Au lieu des trois premières repliques de la scène*
Mesron dit en entrant : Oui, seigneur, c'est à Bagdad que court Azend
pour se jeter au pied de votre trône, et implorer votre justice. — HAR *
bien, mais il reviendra sur ses pas, car avant de sortir du village, il appren
que je suis ici. — MESR. Qui se serait attendu etc. ; *jusqu'à la fin de la scé
ou après ces mots :* Dans son ancienne demeure, pour qu'on en rapporte
Mesrou ajoute, *en montrant deux noirs que apportent l'objet caché sous
voile :* Ah ! bon, voici justement... HAR. Paix ! Je vois revenir Azendaï ; *pas
à la scène 17, qui n'est plus que la 15 et dernière. Azendaï arrive en tre*
blant. MESR. Approche, Azendaï. — AZ. Ah ! mon dieu ! je ne sais plu
j'aurai le courage... — HAR. Jeune homme, je connais etc. ; *suivez la sc
jusqu'à ces mots d'Haroun :* Si à propos secourus l'autre nuit ; *il ajou
en s'adressant aux gardes :* Faites approcher... *(On amène Zaïde.)* —
Ah ! ma bien aimée ! — HAR. Epouse ta Zaïde, etc. *jusqu'à la fin.*